cmz

Burkhard Müller, Jahrgang 1938; Studium der Evangelischen Theologie in Bonn, Heidelberg und Tübingen. Gemeindepfarrer in Oberhausen und Bonn. 1990–2000 Superintendent im Evangelischen Kirchenkreis Bonn. 2001–2007 Mitglied des Sprecherteams des »Wortes zum Sonntag«. Kirchliche Rundfunkarbeit im DLF und DeutschlandRadio-Kultur, bis 2009 auch im WDR. Ehrenamtliche Tätigkeit im kirchlichen Musikmanagement (etwa 30 Konzerte jährlich); Chor- und Orchesterarbeit.

Burkhard Müller

Für unsere Sünden gestorben?

Ein Beitrag zu aktuellen Diskussion

cmz

Bibliografische Information Der Deutschen Bibliothek

Die Deutsche Nationalbibliothek verzeichnet diese Publikation
in der Deutschen Nationalbibliografie; detaillierte bibliografische Daten
sind im Internet über http://dnb.d-nb.de abrufbar.

Originalausgabe

An der Glasfachschule 48, 53359 Rheinbach
Tel. 02226-9126-26, Fax 02226-9126-27, info@cmz.de

Scans und Satz (Adobe Garamond Pro 11 auf 13,5 Punkt)
mit Adobe InDesign CS3:
Winrich C.-W. Clasen, Rheinbach

Technische Beratung:
Frank Münschke dwb (Klartext Medienwerkstatt GmbH), Essen

Papier (Alster 90 g mit 1,5 f. Vol.):
Salzer Paper GmbH, St. Pölten / Österreich

Umschlagbild:
Meister des Petrus von Venray, *Vesperbild*, H. 107 cm, B. 72,5 cm, T. 50,5 cm
Eiche, um 1530; St. Clemens, Wissel

Umschlaggestaltung:
Lina C. Schwerin, Hamburg

Gesamtherstellung:
Majuskel Medienproduktion GmbH, Wetzlar

ISBN 978-3-87062-111-7

20100225

www.cmz.de

Inhaltsverzeichnis

11 *Vorwort*

1. Jedem seine Botschaft 15

15 Gottvertrauen: nichts für jedermann?
16 Das eine einzige Wort Gottes gibt es nicht
17 Für wen etwas geschrieben wurde
18 Ist Gottes Wahrheit relativ?

2. Das erste Fremdwort in dieser Sache: »Kondeszendenz« 19

19 Der absteigende Gott
19 Gott sucht unten die, die unten sind
20 Gott steigt herab in unser Denken und Sprechen
21 Worte an andere weitergeben (übersetzen)
22 Das Beispiel »Sohn Gottes«
22 Adoption zum Sohn Gottes durch die Auferstehung
23 Adoption zum Sohn Gottes bei der Taufe
23 Sohn Gottes seit Beginn des irdischen Lebens
24 »Das Wort ward Fleisch«

3. Das zweite Fremdwort in dieser Sache: »Inkulturation« 25

25 Vieles verstehen wir heute anders
26 »Wie war es denn wirklich?«
28 Trinitätslehre: eine Inkulturation in griechisches Denken
29 Die »Regensburger Rede« von Papst Benedikt XVI.

30 Inkulturation bei den Germanen
30 Der »Heliand«
32 Die Logik des Berengar
33 Anselm von Canterbury
34 Anselm auch bei Protestanten
35 Kritik kommt auf
37 »Anselm light«

4. Zurück zu Jesus! 39

39 Danke, Evangelisten!
41 Wozu ist Jesus geboren worden?
43 Was ist die zentrale Botschaft?
43 Ist die Sündenvergebung das Heil?
45 Der verlorene Sohn
45 Jesus lebt riskant
47 Hat Jesus den Tod gesucht?
48 Hat Jesus sich für uns geopfert?

5. Ein Beispiel: Das Gleichnis
von den bösen Winzern (Markus 12,1–9). 49

6. Das Abendmahl 55

56 Was ist der Sinn des Abendmahls?
57 Sühnopfer-Mahl zur Vergebung der Sünden?
59 Für euch
60 Ein Passahmahl
62 Ein Gedächtnismahl
63 Ein endzeitliches (eschatologisches) Mahl
64 Fest des Neuen Bundes
65 Leib Christi

7. Lektüre einzelner Bibelstellen ohne »Opfertod-Brille« 67

67 »Siehe, das ist das Lamm Gottes, das der Welt Sünde wegträgt«
68 »Also hat Gott die Welt geliebt, dass er seinen […] Sohn gab«
69 »Ich bin der gute Hirte. Der gute Hirte lässt sein Leben für die Schafe.«
70 »Niemand hat größere Liebe als die, dass er sein Leben lässt für seine Freunde.«

8. Kreuzigung und Tod 72

72 a) »Gestorben nach der Schrift«
72 Die Psalmen
74 Warum Jesus gleichzeitig auf zwei Eseln reitet
75 Der nackte Mann, der den Mantel verlor
75 »Fürwahr, er trug unsere Krankheit …«
81 b) Markus: Jesus, der verborgene Gottessohn
82 »Passionsgeschichte mit ausführlicher Einleitung«
82 Ostern nur in der Kurzfassung
83 Nachfolge nur als Kreuzesnachfolge
83 Warum Alexander und Rufus in die Bibel kommen
84 Kein Wunder am Kreuz
84 Offenbarwerden des »Gottessohnes«
86 Der Heide und die Frauen
87 c) Matthäus: Lehrer des Gesetzes
88 Der neue Moses?
89 Er hätte auch anders gekonnt
90 d) Lukas: Jesus, der Märtyrer
91 »Die Mitte der Zeit«

92 e) Johannes: Ein König geht seinen Weg
92 Ein königlicher Souverän
94 Triumph am Kreuz: Die Liebe siegt
95 Von oben kommt er, nach oben geht er
95 Jesus, das Passahlamm
96 f) Ergebnis der Betrachtung der Kreuzigungsgeschichten
97 Hat Gott Jesus geopfert?
97 Hat Jesus sich geopfert?
97 »Für uns« geopfert?
98 Haben Menschen ihn geopfert?

9. Der Auferstandene ... 99

99 Jesu Tod als Ende der Hoffnungen
100 Die Auferstehung: das Alleinstellungsmerkmal Jesu
101 Zeugen und Legenden
102 »Kreuz und Auferstehung«: eine viel zu kurze Formel
103 Wie soll man Jesus nennen?
106 »Alt geht, Neu bleibt«

10. Paulus: vom Schriftgelehrten zum christlichen Theologen ... 110

110 Kurz vor Damaskus: die Offenbarung des Evangeliums
110 Zugestanden: Paulus kennt den Sühnopfergedanken
111 Die neue Mitte: die Auferweckung Jesu und das neue Leben
112 1. Die Christusvision
112 2. Vom irdischen Jesus hat Paulus leider nichts gelernt
113 3. Das Gespräch mit anderen Christen
113 4. Die rabbinische Tradition

114 Paulus und die Erlösung des Menschen
114 1. Adam und die Sünde
115 2. Der Tod, der Sünde Sold
115 3. Unsere Sünden sterben mit Jesus
116 4. Nicht der Tod Jesu, sondern seine Auferstehung bringt die Erlösung
117 5. Herrschaftswechsel: von der Sünde zur Gnade
117 6. Was verbindet uns mit dem Sterben und Auferstehen Jesu?
118 Was ich heute Paulus nicht glauben kann
119 Was hat Paulus nur auf solche Gedanken gebracht?
120 Auch bei Paulus gilt: »Alt geht, Neu bleibt«

11. Muss ich Paulus die Sünde glauben? 122

122 Warum Paulus von der Sünde redet
122 1. Die Sünde als dunkle Kehrseite der Gnade
123 2. Die Heilige Schrift beweist es
123 3. Man kann den Menschen beim Sündigen zusehen
124 Sind wir Menschen wirklich so schlecht?
126 »... böse von Jugend auf« – wirklich?
127 Eine biblische Sage
129 Nur ein Sündenbekenntnis ist ein gutes Gebet – wirklich?
130 Offenbart das Kreuz die Sünde?
131 Warum Luther sich mit Paulus so gut verstand
132 Sündenlehre und Sühnopferlehre stützen sich gegenseitig

12. Die Kreuzestheologie 134

134 Tatsächlich betont Paulus das Kreuz
135 Das Kreuz als Ärgernis
136 Die Verhältnisse in Korinth

13. Hebräerbrief 138

138 Jerusalemer Kult als Bild für Jesus Christus

14. Und wo bleiben die Sünden? 141

141 Was hat Jesus selbst vom Opfern gehalten?
143 Opfer im Jerusalemer Tempel
145 Jesus, ein Menschenopfer?
147 Macht das Blut Jesu Christi rein von aller Sünde?
149 Was also wird aus unserer Sünde?

15. Abschied vom Sühnopferglauben 153

154 Vier Thesen zum Glauben an das Sühnopfer Jesu
154 1. Tief verwurzelt
154 2. Dammbruch?
155 3. Gehorsam oder Verstehen?
157 4. Die starke Liebe Gottes

16. Die Heilsbedeutung des Todes Jesu 160

161 Jesu Leben und seine Auferstehung sind das Heil

165 *Literaturverzeichnis*

167 *Bibelstellenverzeichnis*

Vorwort

Im Frühjahr 2008 habe ich mit dem »Chor am Freitag« der Trinitatiskirchengemeinde Bonn-Endenich die Johannespassion von Johann Sebastian Bach einstudiert. Dabei zeigten sich die Chormitglieder wegen der Texte dieser Passion irritiert. Sie fragten immer wieder nach, was es denn damit auf sich habe, dass Jesus für unsere Sünden gestorben sei, um Gott zu versöhnen.

Darum haben wir in den Proben oft dieses Thema behandelt. Auch innerhalb der Gemeinde haben wir einen Seminarabend dazu gemacht. Mir wurde deutlich, dass ein großer Bedarf an theologischer Information und an Diskussion über die Sühnopfervorstellung besteht.

Im Sommer darauf habe ich mehrere Bücher von kämpferischen Atheisten aus dem angelsächsischen Raum gelesen. Mich hat dabei gestört, dass sie sich allen Ernstes spottend darüber ausließen, der Gott der Christen lasse seinen Sohn töten, um sich selbst zu versöhnen. Mir aber erschien es seit Jahren als grundverkehrt, unseren Gott so zu verstehen. Für mich waren das Vorstellungen von früher, die ich heute weitgehend überwunden glaubte. Später stellte sich heraus, dass ich damit irrte, weil tatsächlich für viele Christen die Sühnevorstellung geradezu eine Zentrallehre des christlichen Gaubens ist.

Gegenüber Christen und Atheisten schien es mir notwendig, dieses Thema zu behandeln. Die Gelegenheit dazu hatte ich im Februar 2009, als ich eine Reihe von Morgenandachten im WDR halten durfte. Ich habe dargelegt, dass niemand an den Sühnopfertod Jesu glauben muss und dass ich persönlich auch nicht daran glaube.

Diese Morgenandachten haben polarisiert. Sie haben begeisterte Zustimmung und heftige Ablehnung bekommen. Es gab Personen, die sehr entschieden gegen meine Meinung kämpften, die kirchliche Obrigkeit zum Eingreifen aufforderten, den Rundfunkbeauftragten bedrängten, Journalisten mobilisierten und Professorenkollegen informierten. Sie haben so eine bundesweite Diskussion ausgelöst. Dafür muss man diesen Widersachern ernsthaft dankbar sein.

Ich bin in der Folgezeit zu Gemeinden eingeladen worden, wo oft vor vollem Haus über diese Frage diskutiert wurde. Mich hat das sehr beglückt. Ich erlebte viele engagierte Christen, die sich zwar kontrovers, aber authentisch und echt im Pro und Kontra um zentrale Fragen des Glauben bemühten. Eine Kirche mit solchen Christen kann keine tote, sondern muss eine sehr lebendige Kirche sein.

Aber ich habe auch gemerkt, dass ein Abend nicht reicht, um die Fragen gründlich genug zu beantworten. So entstand bei mir der Entschluss, das zu tun, was ich nie in meinem Leben machen wollte: ein Buch zu schreiben.

Man kann dieses Buch verstehen als ein Ergebnis der vielen Diskussionen und Gespräche in den Gemeinden. Man findet darin kaum etwas, was nicht irgendwo in dieser Zeit von mir oder Gesprächsteilnehmern schon gesagt worden wäre.

Es ist ein Buch für die Gemeinde, nicht für die Wissenschaft. Auf alle Anmerkungen habe ich verzichtet, ich habe auch keine wissenschaftliche Literatur angegeben. Und wenn Sie ziemlich am Anfang die Abschnitte von der »Kondeszendenz« und der »Inkulturation« gelesen haben, ist auch so gut wie Schluss mit Fremdwörtern und theologischen Fachbegriffen. Ich habe mich bemüht, für interessierte Menschen ohne große theologische Vorbildung verständlich zu schreiben.

Nun muss man auch nicht alles lesen. Das Inhaltsverzeichnis kann helfen, zügig zu den Punkten vorzudringen, die besonders interessieren. Man muss dieses Buch auch nicht in einem Stück lesen.

Für den einen oder anderen sind vielleicht ganz ungewohnte und neue Thesen darin enthalten. Manchen erscheint dies oder das als Gefahr für ihren Glauben. Wer spürt, dass ihn irgendetwas zu sehr verunsichert, sollte das Buch einfach eine Zeitlang weglegen und erst später wieder zur Hand nehmen, wenn er sich mit dem Gelesenen ausreichend innerlich auseinandergesetzt hat. Man kann auch einen Bleistift nehmen und durchstreichen, was einem als falsch erscheint, oder markieren, was als richtig akzeptiert wird.

Mag sein, dass man es am Schluss so weglegt, wie ein angesehener und von mir geschätzter Professor meine Andachten zu diesem Thema weggelegt hat: »mit Widerwillen«.

Es mag aber auch sein, dass es diesem gründlichen Leser so geht, wie es mir mit der »Geschichte der Synoptischen Tradition« von Rudolf Bultmann, einem bedeutenden evangelischen Theologen im vorigen Jahrhundert, gegangen ist. Seine Theologie war für die Christen des pietistischen Milieus, aus dem ich stammte, ein großes Ärgernis. Ich war im zweiten Semester und fest entschlossen, dieses Buch zu widerlegen. Bis zur Hälfte des Buchs ist mir das auch gelungen. Dann wurde ich schwankend. Am Schluss aber war ich für die historisch-kritische Betrachtung der Bibel gewonnen.

Gründliche Leser werden sicher Fehler finden und viele Lücken feststellen. Ich selbst habe in den Diskussionen um meine Andachten in den letzten Monaten einiges dazugelernt. Warum soll ich schon jetzt bei der vollen Wahrheit angekommen sein! Man lernt ja hoffentlich immer noch dazu. Und es gibt ein Versprechen: Der Heilige Geist will uns immer weiter zur Wahrheit führen.

Darum nenne ich dieses Buch einen Diskussionsbeitrag.

Mag sein, dass deshalb viele ein besonders polemisches und aggressives Buch erwarten und sich vielleicht auch darauf freuen. Polemik macht mir eigentlich auch wahnsinnigen Spaß. Aber ich habe in diesem Buch ganz bewusst darauf verzichtet, polemisch zu sein, mich mit Witz und Ironie über die Andersdenkenden herzumachen. Das hängt auch damit zusammen, dass ich von meiner religiösen Herkunft her genau die Position meiner Widersacher geteilt habe und weiß, wie schwer es war, mich auf das einzulassen, was ich dann als andere Wahrheit erkannt habe.

Bei diesem Buch habe ich mich gefragt, ob ich nicht zu destruktiv bin. Das Hauptziel dieses Buches ist ja die These, dass etwas *nicht* geglaubt werden muss, dass die Übermacht der Sühnopfervorstellung in Theologie und Kirche beendet werden soll.

Ich sage mir dann allerdings, dass, wer Ketten abnimmt, eben nicht destruktiv ist. Fesseln durchschneiden ist positiv. Ich hoffe, dass viele es als Befreiung erleben, was ich in diesem Buch mitteilen möchte. Jemand sagte mir, für ihn sei die Sühnetheologie wie ein schwarzes, schweres Tuch, das über dem ganzen Evangelium liege. Wenn es anderen auch so geht, dann möchte ich dieses schwarze Tuch gerne wegreißen. Wenn jemand durch dieses Buch entdeckt, mit wie viel leuchtenden Farben die Bibel in ihren Bildern und Deutungen das Leben Jesu vor uns malt, ist das erreicht, was ich mit diesem Buch erreichen wollte.

Mein Dank geht an die Vielen, deren Bücher ich vor Jahren gelesen und deren Vorträge ich gehört habe. Ich habe daraus Manches zur privaten Nutzung notiert, so dass mir leider auf meinen Notizen die Quellenangaben fehlen. Dieses Buch enthält daher viele Gedanken und Formulierungen, die ich von anderen übernommen habe, ohne heute noch zu wissen, von wem. Diesen anonymen Helfern gilt mein herzlicher Dank.

Die schnelle Veröffentlichung dieses Buches wäre nicht möglich gewesen ohne die freundliche Betreuung von Seiten des Verlages mit der vorzüglichen Lektoratsarbeit von Kirsten Blanck und dem professionellen Buchsatz von Winrich C.-W. Clasen. Auch dafür möchte ich herzlich danken.

Bonn, am ersten Sonntag nach Epiphanias 2010

Burkhard Müller

1. Jedem seine Botschaft

Ein Vater hat zwei Söhne. Der eine von ihnen studiert in Hamburg. Er ist ziemlich faul. Das beunruhigt den Vater. Er möchte, dass sein Sohn eine vernünftige Einstellung zur Arbeit gewinnt. Der andere Sohn studiert in München. Er ist ziemlich fleißig. Er arbeitet sich geradezu krank. Auch das beunruhigt den Vater. Er möchte, dass auch dieser Sohn eine vernünftige Arbeitshaltung entwickelt.

Beiden schreibt er eine Mail. Dem einen schreibt er: Sei bitte etwas fleißiger, streng dich mehr an. Dem anderen schreibt er: Sei nicht so fleißig, streng dich nicht so an. Die Botschaften an die beiden Söhne klingen verschieden, wollen aber in beiden Fällen dasselbe erreichen, eine vernünftige Einstellung der Söhne zum Arbeiten im Studium. Eigentlich ist die Botschaft an beide die gleiche. Aber weil die beiden so verschieden sind, wird die Gestalt dieser Botschaft unterschiedlich, ja gegensätzlich. Jedem schreibt er also etwas anderes, scheinbar Gegensätzliches, weil jedem etwas anderes gesagt werden muss.

Da passiert ihm ein Missgeschick. Er verwechselt die Mailadressen. Dadurch bekommt der Faule die Ermahnung, nicht so fleißig zu sein. Und der Fleißige wird zu noch mehr Fleiß gedrängt: Sei fleißiger! Was als gegensätzlicher Text geschrieben war und doch bei beiden das gleiche Arbeitsverhalten hervorrufen wollte, wird durch die falsche Adressierung zu einem Riesenfehler. Es kommt eben immer darauf an, was ich wem sage.

Gottvertrauen: nichts für jedermann? Sie kennen das schöne Lied von Paul Gerhardt: »Befiehl du deine Wege und was dein Herze kränkt der allertreusten Pflege des, der den Himmel lenkt.« Das ist ein Lied, das im Gesangbuch unter der Rubrik »Geduld und Vertrauen« stehen könnte. Aber auch dieses Lied passt nicht für jeden Fall.

Da ist einer, der sich wie wild bemüht hat, sein Leben und seine Lebensverhältnisse in Ordnung zu bringen. Aber immer wieder kommt er an seine Grenzen. Es gibt einiges, was er auch gar nicht ändern kann, was er einfach hinnehmen muss. Ihm könnte dieses Lied zur Erkenntnis verhelfen, dass man nicht alles in seinem Leben selbst in der Hand hat und selbst bestimmen kann. »Gottvertrauen« ist angesagt.

Aber da ist der andere. Er liebt die Ruhe und Gemütlichkeit. Oder offen gesprochen: Er ist stinkefaul. Er müht sich erst gar nicht, er rührt keine Hand. Er denkt: Gott wird es schon richten. Aber Gott richtet nicht, was er selbst richten sollte. Das sieht er völlig anders, denn sein Lieblingslied ist: »Befiehl du deine Wege« – ein Lied, das seiner Trägheit und Faulheit noch ein christliches Tugendmäntelchen umhängt. Das Lied passt einfach nicht zu ihm. Es kommt eben immer darauf an, wem was gilt und was nicht.

Das eine einzige Wort Gottes gibt es nicht Wenn ich auch davon überzeugt bin, dass wir uns von der traditionellen Sühnopfertheologie trennen dürfen und wohl auch sollten, so gibt es natürlich Menschen, die gerade diese Theologie als besonders hilfreich erlebt haben. Mir wurde erzählt, dass z.B Menschen im Kongo, die noch heute eine lebendige Opfertradition kennen, gerade mit dieser Opfertheologie das Wesen des Evangeliums besonders gut verstehen könnten. So mag zu bestimmten Zeiten, an bestimmten Orten und gegenüber ganz bestimmten Menschen auch diese Opfertheologie ihren Sinn haben. Es kommt eben immer darauf an, wem ich was sage.

Das eine einzige Wort Gottes gibt es nämlich nicht. Es ist immer anders und verschieden, weil wir Menschen als die Empfänger des Wortes Gottes immer andere sind. Wenn man es einmal zugespitzt sagen will: Es gibt so viele verschiedene Wahrheiten, wie es verschiedene Menschen gibt.

Natürlich gilt eine Predigt im Gottesdienst vielen Menschen gleichzeitig. Aber wir wären überrascht, wenn wir bei einer Überprüfung feststellten, wie verschieden die Leute ein und dieselbe Predigt gehört haben.

Die Zuhörer hören insbesondere das heraus, was auf sie besonders gut passt. Wir »konstruieren« in unserem Kopf unsere Sicht der Botschaft Gottes. So wird es überhaupt erst möglich, dass einer für viele

Menschen gleichzeitig predigt. Denn es kommt nicht nur darauf an, wem was gesagt wird, sondern auch, wie er es versteht.

Weil die Botschaft des Evangeliums immer mit verschiedenen Menschen zu tun hat, muss sie immer unterschiedliche Gestalt annehmen: Das Kinderbuch mit biblischen Geschichten sieht völlig anders aus als die Broschüre, die für einen Trauernden geschrieben ist. Ein Buch, das den Weg zum glücklichen Leben zeigen will, sieht anders aus als das Buch, das eine Glaubensfrage erklären will.

Sagen wir es vereinfacht so: Das Evangelium bringt uns das »Ja« Gottes zu unserem Leben. Aber wie das »Ja« konkret erklingt, das ist für jeden anders.

In diesem Buch werden wir uns damit beschäftigen, warum heute für viele die traditionelle Opfertheologie nicht mehr taugt, das »Ja« Gottes hörbar zu machen, obwohl sie dazu entwickelt war.

Für wen etwas geschrieben wurde Wer Erfahrung im Bibellesen hat, wird längst gemerkt haben, dass die Bibel keine Sammlung allgemeingültiger Wahrheiten ist, sondern von verschiedenen Menschen für verschiedene Menschen aufgeschriebene Texte enthält. Darum fängt die Bibel in ihrer Lebendigkeit oft erst dann an zu leuchten, wenn wir eine Vorstellung davon bekommen, wer damals die Texte aufgeschrieben hat und für wen; was der Schreiber und seine ersten Leser gedacht und geglaubt haben.

Dann ist der Bibeltext auf einmal die eine Seite eines lebendigen Dialogs mit dem anderen, für den er aufgeschrieben wurde. Was waren das damals für Menschen, was waren ihre Ängste, was waren ihre Ansichten über Gott? Welche Bilder stellte ihnen ihre Sprache zur Verfügung, schwierige und geheimnisvolle Dinge auszudrücken, etwa wenn sie von Gott reden wollten?

Es ist eines der Verdienste der historisch-kritischen Forschung, die Bibel von dem Sockel »Ewiges Wort Gottes« heruntergestoßen zu haben. Sie hilft uns, nach dem »Lebendigen Wort Gottes« im Dialog mit Menschen zu suchen und es auch zu finden.

In diesem Buch werden wir immer wieder genau so die Bibel zu verstehen suchen, indem wir fragen: Was haben die damals eigentlich gemeint? Warum haben sie so oder so geredet? Wem haben sie was gesagt?

Ist Gottes Wahrheit relativ? »Dadurch wird ja alles relativiert!«, denkt wohl mancher beunruhigt. »Gottes Wort verliert seine ewige und allgemeingültigen Wahrheit!«

Aber genau so ist es. Gott spricht sein Wort durch Menschen zu Menschen. Sein Wort bezieht sich auf bestimmte Menschen und will ihnen konkret etwas sagen. In diesem Sinn ist es »relativ«: bezogen auf diese Menschen. Und es ist gut, wenn ich durch die historisch-kritische Forschung diesen historischen Rahmen, die geschichtlichen Bedingungen kennen lerne.

Damit verstehe ich die Relativität (= Bezogenheit auf bestimmte Menschen) eines Textes der Bibel. So kann ich ihn in seiner Lebendigkeit verstehen und deuten. Wie sehr das hilft, die Bibel in ihrer Lebendigkeit zu verstehen, sollten Sie auch diesem Buch anmerken können.

Gottes Wort kommt durch Menschen zu Menschen. Dabei geht Gott in unsere konkrete Wirklichkeit ein. Das Wort Gottes tummelt sich sozusagen mitten unter uns, lässt sich auf uns ein, spielt unsere Glaubens-Spiele mit – allerdings nicht immer: Oft will es die Glaubens-»Spielregeln« der Menschen verändern, verbessern. Ob zu Gottes Regeln gehört: »Mein Sohn musste für eure Sünden am Kreuz bluten«, bezweifle ich zutiefst und will das in diesem Buch ausführlich begründen. Ich will diese Regel abschaffen helfen. Mit den dann geänderten Regeln können wir unser Glaubensspiel fröhlicher und entkrampfter auf bessere Weise spielen, das alte Spiel mit dem schönen Titel: »Gottes Güte ist groß!«

2. Das erste Fremdwort in dieser Sache: »Kondeszendenz«

DIE ALTE THEOLOGIE gebrauchte bisweilen den Begriff der »Kondeszendenz« Gottes. »descendere« ist Latein und heißt »herabsteigen«; »con« (»cum«) heißt »mit«, »zusammen«. Kondeszendenz meint, dass Gott herabkommt, um mit uns zusammen zu sein.

Der absteigende Gott Wer den Begriff gebraucht, denkt zuerst natürlich daran, dass Gott in Jesus zu den Menschen herabgekommen ist. Gott ist nicht oben in seiner göttlichen Welt geblieben, sondern nach unten in die wechselvolle Geschichte der Menschen hineingegangen. Wir können uns heute kaum noch vorstellen, wie anstößig das damals klang. Gewiss, es gab noch Menschen, die sich an den Göttersagen vergnügten mit einem Himmel voller Götter, die sich stritten, die sich vertrugen, die gegeneinander intrigierten, die sich paarten und bekämpften, die auch schon mal den Himmel verließen und nach unten unter die Menschen kamen, wie z.B. der Gott Zeus, der lüstern seine Finger nicht von schönen Frauen lassen konnte.

Aber die Nachdenklichen, die Gebildeteren, die philosophisch Geschulten gingen selbstverständlich davon aus, dass die wahre Gottheit in unveränderlicher Erhabenheit und Größe das ewige unwandelbare Sein repräsentierte. Sie konnten über die christliche Botschaft von Gottes Herabsteigen nur den Kopf schütteln. Ihnen war unbegreiflich, dass Gott herunterkommt. Wenn er kommt, dann ist er kein Gott. Denn Gottes ewiger Platz ist nach ihrer Sicht einzig im Himmel.

Gott sucht unten die, die unten sind Wohin aber kommt Gott? Was ist das Ziel dieses Abstiegs? Wen sucht der herabkommende Gott unten auf? Sind es die Menschen im Allgemeinen?

Nun, das wird in der Bibel mehrfach genauer eingegrenzt: Gott kommt speziell zu den Menschen, die ganz am Boden sind, um sie aufzuheben. (Psalm 113,6 »der den Geringen aufrichtet aus dem Staube und erhöht den Armen aus dem Schmutz«; 1. Samuel 2,8 »Er hebt auf den Dürftigen aus dem Staub und erhöht den Armen aus der Asche«)

Bei Jesus ist das ein geradezu programmatisches Konzept des Handelns: Er sucht die Schwachen und Gefallenen auf. Darum finden wir ihn in »schmutziger Gesellschaft«, bei Zöllnern, Ehebrecherinnen, Kranken und Aussätzigen. Darin ist er wie ein guter Arzt, der die Kranken besucht und nicht die Gesunden. (Matthäus 9,12: »Die Starken bedürfen des Arztes nicht, sondern die Kranken.«)

Wahrscheinlich haben Sie gedacht, als ich das erste Mal dieses schwierige Fremdwort »Kondeszendenz« erwähnte: »Ach, wie weltfern die Theologie mit ihren alten Begriffen doch ist!« Aber so trockene theoretische Begriffe wie Kondeszendenz können eine dynamische Wirkung auf uns haben, die Richtung unserer Lebensführung eventuell umdrehen, nämlich nach unten statt nach oben. Hat Paulus das begriffen, wenn er z. B. seine Gemeinde auffordert: »Haltet euch herunter zu den Geringen!« (Römer 12,16)?

Kondeszendenz Gottes ist so etwas wie das göttliche Gegenprogramm gegen unsere Ethik der Karriere und bremst uns deutlich in unserer Neigung, uns ausschließlich nach oben zu orientieren. Kondeszendenz: Das »Herabkommen Gottes« könnte ein grundlegendes Stichwort für Sozialpolitiker werden.

Gott steigt herab in unser Denken und Sprechen Kondeszendenz beschreibt nach der Meinung der alten Theologen vor allem das erstaunliche Faktum, dass wir von Gott, der so anders ist als wir, überhaupt mit unseren menschlichen Worten reden können. Gott geht ein in menschliche Worte und menschliche Rede, um sich uns verständlich zu machen.

Bei den Hebräern ist Hebräisch die Sprache Gottes. Für die Griechen spricht Gott griechisch. Latein ist nicht heiliger als die Sprache der Germanen, das Deutsch, als Kölsch oder Schwäbisch. Kein Wort in keiner Sprache ist umfassend geeignet, um zu sagen, wer Gott ist. Trotzdem bewegt sich Gott hinab in die menschliche Sprache mit ihren Worten und Vorstellungen, um überhaupt mit dem Menschen sprechen zu können. Wir reden von dem Gesicht Gottes, seinen Augen, seiner Nase, seinen Ohren, seinem Mund. Und wissen dabei ziemlich genau, dass unser Gott nicht wirklich ein Gesicht, Augen, Nase, Ohren und Mund hat. Aber wir dürfen die Bilder aus unserer Sprache benutzen, um mit ihnen anzudeuten, dass Gott Nähe zu uns Menschen sucht. Gott ist immer anders und mehr, als wir ausdrücken. Aber wir dürfen in vielen verschiedenen Bildern von ihm reden. Er kommt in unsere menschliche Bilderwelt hinein.

Dieses Phänomen wird uns wieder begegnen, wenn wir die ersten Christen bei ihrem schwierigen Bemühen begleiten, mit menschlichen Worten auszudrücken, wer der auferstandene Christus denn wirklich ist und was er wirklich für uns getan hat. Da probieren sie die Bilder, Vergleiche und Metaphern aus und hoffen damit wenigstens die Richtung anzuzeigen, in der man den auferstandenen Christus im Glauben verstehen kann. Manche Bilder von der Welt Gottes sind gut, manche sind schlecht. Ob das traditionelle Bild vom Sühnopfer Christi gut und geeignet ist, werden wir im Folgenden genau überlegen.

Der hochgelehrte Wissenschaftler versteht es eventuell, sehr komprimiert und abstrakt von den Dingen Gottes zu reden. Aber diese Gelehrtensprache ist der Wahrheit Gottes nicht näher als so schlichte Worte über Gott, die jeder verstehen kann: »Du bist bei mir!« (Psalm 23,4)

Es gibt Metaphern für Christus, denen man das nicht sofort ansieht (z. B. »Sohn Gottes«). Sie enthalten aber deswegen nicht größere Wahrheit als andere Bilder, die man sofort als Bilder erkennt (Johannes 15,5: »Ich bin der Weinstock.«). All unser Reden über Gott ist menschliches Reden.

Worte an andere weitergeben (übersetzen) Das heißt auch, ihren Inhalt zu verändern. Übersetzer können ein Lied davon singen, dass Übersetzen in eine andere Sprache manchmal so etwas wie die Übertragung in eine andere Welt bedeutet.

Lasen im Mittelalter die Christen ihre Bibel auf Latein, so wird den Gelehrten im 15. Jahrhundert bewusst, dass man doch die Bibel in ihrer Ursprache lesen sollte, wenn man sie denn wirklich verstehen will.

Und Luther hat die Bibel ins Deutsche übersetzt, aber nicht aus dem gebräuchlichen Latein, das schon selber eine Übersetzung und Übertragung aus einer anderen Sprache war. Luther griff statt zur lateinischen Bibel zum Original, zum hebräischen Text des Alten Testaments und zum griechischen Text für das Neue Testament. Und dann hat er übersetzt, nein: übertragen, nicht kleinlich Wort für Wort, sondern genial Sinn für Sinn. Inzwischen hat man untersucht, wie der Glaube der ersten Christen auf palästinensischem Boden aus der orientalisch-hebräisch-aramäischen Welt in die griechische Welt übersetzt wurde. Das war nicht einfach.

Das Beispiel »Sohn Gottes« Was »Sohn Gottes« meint, ist für Christen doch ganz klar, möchte man meinen. Aber gerade dieser Begriff nimmt schon im Alten Testament eine hochinteressante Entwicklung. Wer in der orientalischen, also in der hebräischen und aramäischen Welt vom »Sohn Gottes« redete, dachte dabei an einen Menschen, der zum König gesalbt wurde (hebr. Messias = gr. christos = deutsch: der Gesalbte). Denn – so war die Vorstellung – bei diesem Festakt der Einsetzung eines neuen Königs wurde dieser neue König von Gott zum Gottessohn ernannt, also gewissermaßen per Adoption zu einem Sohn Gottes gemacht.

Viele sehen im Psalm 2 eine Liturgie der Ernennung des Königs und seiner Adoption zum Sohn Gottes. Mit dem Satz »Du bist mein Sohn« wurde dem neu gesalbten König durch die Priester die Gottessohnschaft zugesprochen.

(»Ich habe meinen König eingesetzt auf meinem heiligen Berg Zion. Kundtun will ich den Ratschluss des Herrn. Er hat zu mir gesagt: ›Du bist mein Sohn, heute habe ich dich gezeugt.‹« Psalm 2,7f.)

Adoption zum Sohn Gottes durch die Auferstehung Es gibt einen sehr frühen Text der ersten Christen, den Paulus in Römer 1,3–4 zitiert:

»Jesus Christus, unser Herr,
geboren aus dem Geschlecht Davids

nach dem Fleisch
und nach dem Geist, der heiligt,
eingesetzt als Sohn Gottes in Kraft
durch die Auferstehung von den Toten.«

Jesus als Mensch (»nach dem Fleisch«) ist Nachkomme des Königs Davids. (Die Jungfrauengeburt ist hier unbekannt.) Dieser Mensch wird durch die Auferstehung zum Sohn Gottes eingesetzt, »adoptiert«. Jesus, der Mensch, ist also seit Ostern Sohn Gottes.

Adoption zum Sohn Gottes bei der Taufe Der Evangelist Markus erzählt keine Weihnachtsgeschichte wie Lukas oder Matthäus. Er weiß nichts von einer wunderbaren Geburt Jesu. Aber er weiß, seit wann Jesus Gottes Sohn ist. Rechtzeitig zum Beginn seines Wirkens geschieht die Adoption zum Sohn Gottes. Diese Adoption vollzieht sich bei Markus am Jordan, bei der Taufe Jesu durch Johannes den Täufer: Da sieht Jesus (er, nicht die anderen Leute!), dass sich der Himmel auftut. Er hört, wie eine Stimme, Gottes Stimme, vom Himmel spricht. Aber nur Jesus wird angeredet: »Du bist mein lieber Sohn, an dem ich Wohlgefallen habe.« (Markus 1,10f.)

Markus spricht hier zwar schon griechisch, aber seine Vorstellung vom Gottessohn ist noch orientalisch-aramäisch. Der Gottessohn ist der zum Gottessohn Adoptierte. In der von Paulus zitierten Strophe geschieht das bei der Auferstehung. Im Markusevangelium ereignet sich das bei der Taufe Jesu.

Sohn Gottes seit Beginn des irdischen Lebens Irgendwann, ziemlich rasch, kam das Evangelium in eine andere, die griechische Welt. Dort kannte man auch den Begriff »Sohn Gottes«, aber man verstand etwas ganz anderes darunter. Ein Sohn Gottes ist ein göttlicher Mensch (*theios aner*), eine Art Halbgott, z. B. einer, den Zeus im Beischlaf mit einer schönen Frau gezeugt hat. Der Mensch, der dann geboren wurde, war ein Gottessohn, ein Mensch mit wunderbaren Kräften.

Wenn die Menschen der griechischen Welt hörten: »Jesus ist der Sohn Gottes«, dann hätten sie das leicht in dem Schema der griechischen

Mythologie missverstehen können: An der Zeugung waren eine Frau und ein Gott beteiligt, der ihr beiwohnte. Aber Jesus ist nicht entstanden wie die vielen Söhne des Zeus aus dem Beischlaf eines Gottes mit einer menschlichen Frau.

Diese Vorstellung war lästerlich bei den Anhängern Jesu Christi. Sie mussten neue Bilder und Geschichten finden, die dieses Missverständnis ausschlossen. Hier half entscheidend die Vorstellung von der Jungfrauengeburt.

Dieser Jesus ist Sohn Gottes nicht durch den Beischlaf Gottes mit Maria, sondern er ist auf andere, auf wunderbare und geheimnisvolle Weise entstanden. Die Geburtslegenden Lukas 1f. und Matthäus 1f. erzählen davon.

»Das Wort ward Fleisch« Das späteste der vier Evangelien, das Johannesevangelium, geht noch weiter zurück mit dem Anfang Jesu. Bei ihm ist Jesus das Wort (*logos*), dessen Leben nicht durch eine wunderbare Geburt beginnt, sondern das von Ewigkeit her bei Gott ist und von Gott heruntersteigt (Johannes 1) und »Fleisch« wird. Auch diese neue Sicht des Johannes ist als das Ergebnis einer Übersetzung in die Vorstellungswelt eines ganz bestimmten Menschenkreises zu erklären.

Es hat im Verlauf der Geschichte der Kirche viele solche Übersetzungen und Veränderungen gegeben. Ich habe großen Respekt vor der intellektuellen und theologischen Leistung, mit der das Evangelium aus der orientalischen Welt in die griechische, dann in die lateinische und germanische Welt übersetzt wurde, so dass es bei uns in unserer Sprache gehört werden kann.

3. Das zweite Fremdwort in dieser Sache: »Inkulturation«

Es wird heute häufiger ein anderer Ausdruck gebraucht, der etwas ganz Ähnliches bezeichnet: Inkulturation. Man kann sich das leicht selbst übersetzen: Inkulturation ist das Hineinwachsen des Evangeliums in die Kultur der jeweiligen Zeit oder Gesellschaft, um dort richtig anzukommen und zuhause zu sein. Bei der Inkulturation in unsere Zeit ergeben sich ganz spezifische Probleme. Rudolf Bultmann hat das in den inzwischen klassisch gewordenen Satz gekleidet: »Man kann nicht elektrisches Licht und Radioapparat benutzen, in Krankheitsfällen moderne medizinische und klinische Mittel in Anspruch nehmen und gleichzeitig an die Geister- und Wunderwelt des Neuen Testaments glauben.« Natürlich gibt es Christen, die das versuchen. Aber viele können das nicht, weil sie nicht mit gespaltenem Bewusstsein leben wollen. Sie brauchen die Inkulturation in unsere Zeit.

Vieles verstehen wir heute anders Misstrauische Menschen sehen in der Inkulturation den Versuch, sich an den Zeitgeist anzupassen. Sie spotten: Wer sich mit dem Zeitgeist verheiratet, ist bald Witwer! Manche sehen darin eine unglaubliche Arroganz des heutigen Menschen, klüger sein zu wollen als die Früheren. Aber dass Inkulturation notwendig ist, müsste jedem einleuchten – schon allein deshalb, weil im Verlauf der Jahrhunderte bestimmte Erkenntnisse gewonnen wurden, die sich auf den Glauben auswirken.

Wir wissen heute: Die Erde ist keine Scheibe. Die Erde ist nicht die Mitte der Welt. Adam und Eva waren nicht das erste Menschenpaar.

Wo ist der Himmel Gottes? Früher, als man die Welt für eine Art mehrstöckiges Haus hielt mit dem Totenreich unter der Erdscheibe und dem Himmel über ihr, konnte man klar sagen: Die Hölle (= Totenreich) ist unten, der Himmel ist oben. Viele haben sich die Himmelfahrt Christi als eine Bewegung nach oben vorgestellt.

Aber jetzt, da wir wissen, dass die Erde eine Kugel und das Weltall unendlich weit ist, muss man eine neue Antwort finden auf die Frage: Wo ist der Himmel Gottes? Und diese Antwort zu finden ist die Aufgabe der Inkulturation. Oder man kann sich Gott als Schöpfer nicht mehr so vorstellen, wie er in 1. Mose 2 beschrieben wird, als eine Art Töpfer, der den Menschen aus einem Erdenkloß formt. Auch nicht so, wie er sonst in unserer Religion oft gesehen wird, als der, der liebevoll alles, was ist, selbst erschaffen hat. Die Evolutionstheorie als eine zeitgemäße Vorstellung von der Entwicklung der Natur zwingt uns, anders von Gott dem Schöpfer und von der Natur als Schöpfung zu reden.

Dabei kann man durchaus zu verschiedenen Ergebnissen kommen. So gibt es Christen, die die Evolutionstheorie nicht akzeptieren, sondern gegen sie eine eigene, scheinbar christliche Lehre aufbauen. Sie behaupten: Es gibt einen »Designer«, der hier und da und überhaupt grundsätzlich alle Entwicklung bestimmt hat.

Wenn ich dagegen mit anderen sage: Die Natur hat sich von selbst entwickelt, aber Gott hat ihr seinen Ehren-Titel »Schöpfung« verliehen und uns zu den hoffentlich gewissenhaften Verwaltern dieser Schöpfung gemacht; und wenn ich weitersage: Wir Menschen haben tatsächlich mit den Affen gemeinsame Vorfahren, aber Gott hat uns (anders als die Affen) als seine Kinder »adoptiert« und uns unverlierbare Menschenwürde verliehen – dann sind unsere Standpunkte zwar grundverschieden, aber eines haben sie gemeinsam: Sie sind Inkulturation in die heutige Zeit.

Um Inkulturation kommt keiner herum, auch nicht derjenige, der sich mit allen Kräften gegen die historisch-kritische Methode wehrt und dagegen die Lehre von der wortwörtlichen Eingabe der ganzen Bibel durch Gott aufrechterhält, so dass er darüber im Extremfall zum gefährlichen Fundamentalisten wird. Das ist auch Inkulturation, anders allerdings als bei demjenigen, der sich von der historischen Forschung, helfen lässt, die Bibel als etwas historisch Gewachsenes besser zu verstehen.

»Wie war es denn wirklich?« Mir erscheint als ein wesentliches Merkmal der Neuzeit, dass immer sofort die Frage lauert: Wie ist das denn wirklich gewesen damals? Was haben der und die denn wirklich gesagt?

Wir fragen nicht immer so kritisch. Wenn ein Künstler ein Bild malt, etwa von der Geburt Jesu, und den Personen seines Bildes die Kleidung aus seiner eigenen Zeit gibt, kämen wir nie auf den Gedanken zu sagen: »Er lügt! Das war ja in Wirklichkeit ganz anders!«

Sondern wir erkennen, dass der Künstler das Wunder der Weihnacht ganz bewusst in seine Zeit transportiert. Wir erlauben ihm die historische Inkorrektheit. Die Wahrheit in der Kunst ist eben etwas anderes als die Richtigkeit der Darstellung.

Auch in Romanen dürfen Dinge so erzählt werden, wie sie nie passiert sind. Wir verstehen sofort, dass hier die Wahrheit keine historische Wahrheit ist, sondern vielleicht eine gedankliche Wahrheit, für die der Schriftsteller uns mit seinem ausgedachten Text die Augen öffnen will.

Aber bei anderen Texten wie bei denen der Bibel ist immer die Frage lebendig: Ist das so passiert? Wie hat sich das abgespielt? Wie ist der Bericht darüber entstanden? Denn man weiß, dass hier von Vergangenem geredet wird, das ja für die Gegenwart bedeutsam sein soll. Und darum wird die Bibel, weil sie so wichtig ist, von den Forschern besonders genau untersucht. Ich verstehe, dass für manchen die Ergebnisse nicht einfach zu akzeptieren sind:

- Es gibt zwei Schöpfungsgeschichten, die sich widersprechen.
- Die Bücher Mose sind nicht von Moses geschrieben.
- Die »Richter« haben nichts mit der Justiz zu tun.
- Die Geschichte von Jona und dem Wal ist eine Novelle.
- Keiner der vier Evangelisten kannte Jesus persönlich.
- Der Paulusbrief an die Kolosser ist wahrscheinlich gar nicht von Paulus.
- Die Bergpredigt ist keine Predigt, sondern ist eine Sammlung von Sprüchen.

Trotzdem ist das geradezu unser Schicksal, an solcher historischen Arbeit nicht vorbeigehen zu können. Diese Erkenntnisse aufzunehmen ist ein Stück Inkulturation heute.

Trinitätslehre: eine Inkulturation in griechisches Denken Als der christliche Glaube die Welt der griechischen Religionen und Philosophien erreichte, mussten die Christen ihren Glauben gegenüber kritischen, neugierigen und spöttischen Fragen rechtfertigen. »Was, ihr habt drei Götter, Gott Vater, Gott Sohn und Gott Heiliger Geist? Wer sind diese drei? Was haben sie miteinander zu tun? Sind sie etwa drei Götter? Oder wer von ihnen ist der Gott?«

Da gerieten die Christen in Erklärungsnot. Bei ihnen selbst waren ja auch schon solche Fragen laut geworden. Sie nahmen die gedankliche Herausforderung an und versuchten zu klären, was zu klären war. Dazu mussten sie sich der Sprache und der Begriffe der griechischen Philosophie bedienen. In den ersten Jahrhunderten der Kirche hat man darüber lebhaft und leidenschaftlich diskutiert, zum Teil auf höchstem Niveau. Konzilien wurden einberufen. Dabei ging es allerdings nicht immer ordentlich zu. Vor allem der Kaiser spielte seine Macht aus. Unter solchen nicht immer idealen Umständen entwickelten sie die altkirchliche Trinitätslehre, eine großartige Leistung der Inkulturation in das griechische Denken.

Aber nur kurze Zeit und für wenige in den Gemeinden war das Ergebnis das, was es sein wollte: wirklich verständlich. Für die Christen im lateinischen Sprachraum, also im Westen des Mittelmeerraums, war das von Anfang an schwierig zu verstehen. Denn auf dem Konzil zu Nicäa im Jahr 325, zu dem der Kaiser Konstantin eingeladen hatte, um die Fragen der Trinität zu klären, waren unter den 250 Bischöfen nur 5 Bischöfe aus dem Westen, dem lateinischen Sprachraum. Die Trinitätslehre ist eben eine Inkulturation in das griechische Denken. Schon das römische Denken hatte seine besondere Mühe bei der Übertragung.

Immer schwerer hatten es die Menschen, den tiefen Gedanken zu folgen. Heute muss man schon hochgescheiter Alt-Historiker oder Kirchengeschichtler sein, um dieses Dogma und seine theologischen Feinheiten zu verstehen.

Ich vermute, dass wegen dieser Verstehensschwierigkeiten die Trinitätslehre zunehmend als »geoffenbartes Mysterium« verkauft wurde, das man nicht verstehen kann, sondern letztlich glauben und anbeten muss. Leider, denn vermutlich hat die Ehrfurcht vor dieser alten Lehre verhindert, die Trinitätslehre zu aktualisieren. Das aber wäre dringend nötig, weil heute ganz neue Fragen gestellt werden und eine neue Inkulturation nötig wäre.

Die »Regensburger Rede« von Papst Benedikt XVI. Doch das Bemühen um solche Inkulturation in unser gegenwärtiges Denken prallt auf viel Widerstand, so auch bei Papst Benedikt XVI. Mit seiner berühmten Regensburger Rede, die er am 12. September 2006 in der Aula Magna der Universität Regensburg gehalten hat, machte er zwar vor allem wegen seiner Äußerungen zum Islam Furore. Aber nachdem der Rauch dieses Feuers verweht ist, lohnt es sich, den Blick auf den eigentlichen Inhalt dieser Rede zu werfen.

Benedikt preist zunächst die Inkulturation in der frühen Christenheit, die er als ein wunderbares Zusammenkommen von hebräisch-aramäischem Denken und griechischer Philosophie der Vernunft zu einer harmonischen Synthese ansieht. Der biblische Glaube sei dem Besten des griechischen Denkens von innen her entgegengegangen. Dieses innere Aufeinander-Zugehen von biblischem Glauben und griechischem philosophischem Denken ist für Benedikt XVI. nicht nur religionsgeschichtlich, sondern weltgeschichtlich ein entscheidender Vorgang, der uns auch heute in die Pflicht nehme. Die Ergebnisse haben so geradezu Offenbarungscharakter.

Danach, so beklagt er, seien immer wieder Versuche gestartet worden, das Rad der Geschichte zurückzudrehen und das Christentum von den griechischen Elementen zu reinigen. Man wolle sich dabei das Recht nehmen, hinter die Inkulturation in das Griechische zurückzugehen und auf die einfache Botschaft des Neuen Testaments zurückzugreifen, um diese Botschaft dann in ihre gegenwärtigen Zusammenhänge jeweils neu zu inkulturieren. Angesichts der Begegnung mit der Vielheit der Kulturen sage man heute gern, die Synthese mit dem Griechentum, die sich in der alten Kirche vollzogen habe, sei nur eine erste Inkulturation des Christlichen gewesen, die Inkulturation in andere Kulturen müsse folgen. Dies aber lehnt Benedikt strikt ab.

Kein Wunder, dass Benedikt zur Inkulturation des Evangeliums in der Gestalt der Befreiungstheologie Südamerikas oder zur feministischen

Theologie keinen Zugang hat. Aber es ist eine Selbsttäuschung, ohne Inkulturation auskommen zu können. Wer heute nur dasselbe sagt, was man früher gesagt hat, sagt heute etwas anderes, als früher gesagt wurde – weil es heute anders verstanden wird als früher. Darum bedarf es der Inkulturation als einer Übersetzung und Übertragung aus früher Zeit in die Gegenwart.

Wenn wir uns mit der Frage des Sühnopferdenkens heute beschäftigen, werden wir uns – ob wir ihr zustimmen oder sie ablehnen – in einem Prozess der Inkulturation befinden, weil wir sie notgedrungen nicht so hören wie die Menschen damals im Mittelalter, für die Anselm von Canterbury seine Theologie formuliert hat.

Inkulturation bei den Germanen Die germanischen Volksgruppen, die sich im Zuge der Völkerwanderung nördlich der Alpen niedergelassen hatten, dachten anders über Gott und die Welt als die Griechen und Römer. Beim Überschreiten der Alpen kam das Evangelium aus der griechischen und lateinischen Welt in den germanischen Raum und musste neu inkulturiert werden.

Germanisches Denken blieb viele Jahrhunderte lebendig. Die profilierteste Fassung der Sühnopfertheologie, nämlich die des Anselm von Canterbury, ist nicht ohne das germanische Denken zu verstehen. Sie ist eine Inkulturationsleistung hervorragender Art. Sie ist aber nicht der erste und einzige Versuch, das Evangelium in die germanische Welt zu inkulturieren.

Der »Heliand« Die Sachsen waren durch Karl den Großen christianisiert, zwangschristianisiert worden. Die Herzen der Sachsen blieben dem Christentum fern. Der christliche Glaube war aufgepresst, nicht inkulturiert. Heimlich erzählte man sich die alten germanischen Heldensagen und praktizierte vorchristliche Bräuche.

Man weiß nicht, wer dann den interessanten Auftrag gab, hier eine Wende herbeizuführen. War es der König, waren es Bischöfe? Man weiß auch nicht, wer diesen Auftrag bekam und ausführte. Spuren weisen auf das Kloster in Fulda hin. Gegen 830 n. Chr. machte sich dort ein Unbekannter, wohl ein hochgebildeter Mönch, ans Werk, ein christliches Heldenepos zu verfassen, das neben den germanischen Heldensagen bestehen könnte. Dieses »Heliand« genannte Epos schrieb er in germanischem Stabreim. Das Evangelium wurde nacherzählt, aber ganz typisch verändert und für germanische Ohren passend gemacht. Christus war ein Volkskönig, ein Heerführer und erhabener Fürst. Die Jünger waren die Gefolgsleute, die mit ihm eine Genossenschaft bildeten und ihm durch germanisches Treue- und Schwurverhältnis verbunden waren. Sie waren tapfere Kämpfer von edler Abstammung, nicht wie in der Bibel Menschen aus den unteren Volksschichten.

Feindesliebe? Dieses Gebot Jesu wird im »Heliand« unterschlagen. Germanen hätten das nicht verstanden. Es fehlt auch die Szene, in der Christus dazu auffordert, bei einem Schlag auf die rechte Wange auch die linke darzubieten. Das war nichts für heldensüchtige kampfbereite Germanen. Den Eselsritt des Königs Jesus nach Jerusalem musste man streichen: Ein König reitet doch nicht auf einem Esel!

Die Hirten auf dem Felde waren keine Schafshüter, sondern bewachten Pferde. Biblische Städte wurden zu Burgen gemacht und die Wüste Juda zum deutschen Urwald. Die Bergpredigt war ein Thing des Volkskönigs, die Hochzeit zu Kana ein germanisches Metgelage.

Ein spannender Kampf musste her, ein Zweikampf. So wird der Kampf des Petrus mit Malchus, dem Knecht, ausführlich und spannend mit 15 Langversen erzählt. Die Bibel kommt mit einem Vers aus.

Dass Petrus die Treue zu Jesus bricht, ist für germanisches Gefolgschaftsdenken das schlimmste Vergehen, die übelste Kränkung des Heerführers und Vasallenherrn Jesus. Der »Heliand« nimmt darauf Rücksicht und entschuldigt den Treuebruch und macht ihn so klein wie möglich.

Grundzüge dieses germanischen Denkens blieben Jahrhunderte hindurch lebendig: Gott erwartet Vasallentreue. Wird seine Ehre verletzt, kann Gott nicht mild und barmherzig sein, sondern muss Gerechtigkeit walten lassen. Nur durch Buße und Sühne (ein Wort, das in dieser Zeit entsteht!) kann die Vasallenordnung wieder hergestellt werden. Dieses germanische Rechtsempfinden saß tief in den Menschen der folgenden Jahrhunderte. Jeder Versuch der Inkulturation musste diesem germanischen Grundgefühl gerecht werden.

Die Logik des Berengar Dazu kam im Mittelalter ein elementares Bedürfnis, die Geheimnisse des Glaubens zu verstehen, vernünftig zu durchdenken und in ihrer Logik zu erklären. Aber Logik allein genügte nicht, um erfolgreich zu inkulturieren.

Das musste Berengar von Tours (gestorben um 1088) erfahren. Er wollte mit Logik und Vernunft den Glauben erklären. Er sagte: »Ich verlasse die Worte der Väter und der Tradition nicht. Aber wenn die Dialektik, die Logik, die Vernunft die Wahrheit klarer erkennen lassen, so will ich lieber die Autorität der Tradition und der Väter beschneiden als die Vernunft. Denn in unserer Vernunft besteht die Gottebenbildlichkeit.« Diesen Grundsatz wandte er auf das Abendmahl an. Er konnte es mit seiner Logik nicht einsehen, dass sich das Brot auf dem Altar beim Abendmahl in das Fleisch des gekreuzigten und erhöhten Herrn verwandelt. Eine solche Verwandlung würde voraussetzen, dass das Brot zu existieren aufhört und das Fleisch zu existieren anfängt, was aber nicht sein kann, weil das Fleisch unseres Herrn bereits seit seiner Auferstehung im Himmel ist.

Aber trotz aller Logik der Argumentation wurde Berengar kräftig widersprochen und bekämpft. Ist Gott nicht allmächtig, so dass er das Unmögliche und Unlogische tun kann? So wie er Steine in Brot verwandeln kann? Schließlich wurde Berengar vor den Papst geschleppt und musste das Bekenntnis unterschreiben, dass das Brot auf dem Altar der Leib Christi sei und sinnfällig durch die Zähne der Gläubigen zermalmt werde. Es war riskant, seine Vernunft zu gebrauchen, die Logik der Dialektik einzusetzen, wenn man dabei die religiöse Praxis und Tradition verletzte. Wer in der Inkulturation erfolgreich sein wollte, musste eben drei Dinge gleichzeitig tun:

1. dem germanischen Weltgefühl entsprechen;
2. logisch argumentieren;
3. die Tradition und Frömmigkeitspraxis nicht verletzen, sondern bestätigen.

Der, dem das besonders gut gelang, ist Anselm von Canterbury. Er hat eine überaus erfolgreiche Theologie entwickelt, die das fromme

Denken der folgenden Jahrhunderte bestimmt hat. Er ist schuld daran, dass wir bis heute die Frage stellen: »Braucht Gott das Sühnopfer Jesu?« und eifrig darüber diskutieren.

Anselm von Canterbury Es überrascht mich immer wieder, wie international die Lebensläufe großer Menschen des Mittelalters waren. Konnten sie deshalb so umfassende Theorien entwickeln, weil sie auch geographisch mit einem weiten Horizont dachten und lebten?

Anselm wird 1033 in Aosta (Italien) geboren. Mit 23 Jahren tritt Anselm in ein französisches Benediktinerkloster ein. Er wird Abt. Dann wird er zum Erzbischof von Canterbury berufen. Wegen politischer Auseinandersetzungen (Investiturstreit) muss er zweimal für längere Zeit aufs Festland fliehen. Er stirbt 1109. 1494 wird er heilig gesprochen und 1720 von Clemens XI. zum »doctor ecclesiae«, zum »Lehrer der Kirche«, ernannt, also 600 Jahre nach seinem Tod. Schon daraus kann man die lang anhaltende Bedeutung dieses großen Theologen erkennen.

Uns interessiert hier seine Lehre, mit der er dem Tod Jesu die wichtige sühnende Funktion gibt. In seiner Schrift »Cur Deus homo?« (Warum wurde Gott Mensch?) entwickelt er diese Gedanken, in denen man deutlich germanische Prinzipien wiedererkennt: Der Mensch hat durch seine Sünde die Ehre Gottes verletzt. Nun darf Gott nicht mild und barmherzig reagieren. Einfach durch Barmherzigkeit die Schuld niederzuschlagen, ziemt sich nicht.

Wie der germanische Lehnsherr von seinem Vasallen zwingend Genugtuung, Satisfaktion verlangt, also Wiedergutmachung, so verlangt auch Gott vom Sünder Satisfaktion. Schuld muss gesühnt werden, Gott *kann* nicht verzeihen ohne Satisfaktion. Alle Sünde verlangt Bestrafung und Genugtuung. Nur so kann die Gerechtigkeit, der höchste Wert, wiederhergestellt werden.

Wer aber kann diese Genugtuung leisten? Der Mensch? Natürlich nicht. Denn selbst wenn er gerecht wäre und nur gute Werke täte, brächte er Gott nur das entgegen, was er ihm ohnehin schuldet. Nur einer, der größer ist als der Mensch, nur Gott selbst, kann Genugtuung leisten. Aber da Menschen die Ehre Gottes verletzt haben, muss dieser eine nicht nur Gott sein, sondern auch Mensch.

Darum gibt einen logischen Ausweg: Gott selbst wird Mensch. Nur der Gottmensch, der ohne Sünde ist, kann die Ehre Gottes wiederherstellen, indem er den Tod auf sich nimmt als das Strafleiden, das er nie verdient hat, weil er ohne Sünde war, aber das er stellvertretend für uns erleidet.

Der Tod Jesu ist die Entschädigung Gottes für die Sünden der Menschen, weil Jesus Gott nur ein sündloses Leben schuldet, nicht aber den Tod. Der Sühnetod Jesu ist die logische Notwendigkeit zur Wiederherstellung der Ehre Gottes und zur Erlösung der Sünder. Durch das Blut Jesu, das vergossen wird, erfährt der gekränkte Gott die Genugtuung. Jesu Selbst-Opfer-Tod hat den Menschen Heil und Seligkeit verschafft.

Natürlich ist auch das nur ein logisches Konstrukt, eine gute Interpretation unter vielen anderen. Aber es kommt daher in der Gestalt eines Dogmas, im Gewand der Wahrheit: »So ist die Wahrheit«. Und diese Lehre findet Akzeptanz. Sie leuchtete ein: Weil sie germanisch war, weil sie logisch war, weil sie der Bibel und der kirchlichen Tradition vom Tod Christi wunderbar zu entsprechen schien und viele Stellen der Bibel sich von daher gut erklären ließen.

Anselm auch bei Protestanten Diese Lehre ist unglaublich wirksam gewesen. Sie hat auch die Reformatoren beeinflusst. Schlagen wir die lutherische »Confessio Augustana« auf, dann lesen wir dort über Jesu Leiden und Sterben, »dass er ein Opfer wäre nicht allein für die Erbsünde, sondern auch für alle andere Sünde und Gottes Zorn versöhnt«.

Und lernen reformierte Christen den Heidelberger Katechismus auswendig, dann haben sie bei der Frage 37 (»Was verstehst du unter dem Wörtchen ›gelitten‹?«) aufzusagen: »Daß er an Leib und Seele die ganze Zeit seines Lebens auf der Erde, besonders aber an dessen Ende, den Zorn Gottes gegen die Sünde des ganzen Menschengeschlechts getragen hat […], um mit seinem Leiden als dem einmaligen Sühnopfer […] unseren Leib und unsere Seele von der ewigen Verdammnis zu erlösen und uns Gottes Gnade, Gerechtigkeit und ewiges Leben zu erwerben.«

Auch in zahllosen Gesangbuchliedern lebt diese Theologie weiter. Wenn im Gottesdienst die Nummer 102,2 angeschlagen ist, dann singt die Gemeinde mit Luther aus dem Evangelischen Gesangbuch (EG):

»Der ohn Sünden war geborn,
trug für uns Gottes Zorn,
hat uns versöhnet,
dass Gott uns sein Huld gönnet.
Kyrie eleison.«

Zu Weihnachten hört man bisweilen den Kehrvers aus dem Lied EG 29: »Gottes Sohn ist Mensch geborn, hat versöhnt des Vaters Zorn.«

Aber Gottesdienstbesuchern fällt doch auf, dass solche Lieder, in denen die Opfertheologie sehr deutlich vorkommt, in denen gar vom Zorn Gottes die Rede ist, der versöhnt werden muss, nur sehr selten gesungen werden. Deutet sich da etwa eine neue Inkulturation an, eine Inkulturation weg von der mittelalterlichen Sühnopfertheologie?

Kritik kommt auf Wie wenig diese Lehre zu anderen Sätzen und Botschaften der Bibel und der Tradition passte, wurde zunächst nicht wahrgenommen. Trotzdem wurden seit der Aufklärung bis heute Vorwürfe und Einwände gegen Anselms Lehre immer lauter, die ich gut nachvollziehen kann. Hier nenne ich einige mir wichtige Punkte:

1. »Gott ist Liebe« – das ist doch die Botschaft des Evangeliums! Wie kann aber die Kränkung der Ehre Gottes und sein Zorn darüber das Motiv für die Menschwerdung Jesu sein statt der Liebe Gottes? Jesu Leben verdankt sich nicht unserer Sünde, nicht Gottes Gekränktsein, sondern allein der Liebe Gottes zu seiner Menschheit.
2. Wo bleibt bei Anselm die Freiheit Gottes? In dieser Theologie ist Gottes Liebe nicht der oberste Wert, sondern die Liebe steht unter dem Zwang der Gerechtigkeit. Bei Anselm darf – entsprechend dem germanischen Denken – Gott nicht einfach vergeben, nicht einfach aus Liebe handeln. Er muss vielmehr die Gerechtigkeit durchsetzen. Da ist Gott sehr unfrei.

3. Die Bibel verabscheut Menschenopfer. Mit Schaudern beobachtet das Alte Testament, dass andere Völker Kinder opfern oder sie z. B. töten, um ihre Leichen in neue Stadtmauer-Befestigungen einzumauern. Wenn aber Gott seinen Sohn opferte, täte er nicht vergleichbar Schauerliches? Dass Gott seinen Sohn benutzt als Opfer, ist eine absurde Vorstellung. Noch absurder ist es, gerade darin den Beweis für die unendliche Liebe Gottes erkennen zu wollen. Es ist in der biblischen Tradition undenkbar, dass Gott seinen Sohn tötet.

   Nietzsche hat das erkannt und sagt in den »Aphorismen« (41): »Das Schuldopfer, und zwar in seiner widerlichsten, barbarischsten Form, das Opfer des Unschuldigen für die Sünden der Schuldigen! Welches schauderhafte Heidentum!«
4. Stellvertretung ist ein Grundmotiv dieser Satisfaktionslehre. Stellvertretendes Handeln gibt es überall zwischen uns Menschen. Ohne Bereitschaft, stellvertretend zu handeln, kann unser Miteinanderleben nicht gelingen, kann unsere Gesellschaft nicht funktionieren. Aber kann es eine Stellvertretung in Fragen der Schuld geben?

   In einer magisch denkenden Zeit konnte Schuld einfach übertragen werden, zum Beispiel durch den Priester auf ein Tier. Aber wo in personalen Kategorien gedacht wird – der Mensch als verantwortliche Persönlichkeit –, ist der Gedanke der Stellvertretung in Fragen der Schuld nicht nachzuvollziehen. Eine Person kann nicht statt der anderen Schuld übernehmen.
5. Der Spitzensatz der Menschenrechte, der in Verfassungen zu finden ist, lautet: »Die Würde des Menschen ist unantastbar.« Für die Kirchen ist dies eine gute Beschreibung dessen, was den Menschen auszeichnet. Aber damit ist unvereinbar, wenn man Gott seinem Mensch gewordenen Sohn den Kreuzestod antun lässt.
6. Das ganze Christentum wird auf das Sünde-Sühne-Schema konzentriert. Dieser Sündenmonismus ist nicht biblisch. Nur in dieser Kategorie »Sünde« zu denken, ist eine Verarmung gegenüber der biblischen Botschaft. Alles wird hier aufs Sterben Jesu bezogen. Das Leben Jesu spielt für diese Theologie kaum eine Rolle. Die Auferstehung ist auch Nebensache. Denn das Sterben Jesu ist das Heilsgeschehen.

7. Aus Liebe übt Gott Gewalt. Aus Liebe lässt er töten. In diesem Gottesbild verbinden sich Liebe und Gewalt. Es ist ein Gottesbild, das die Gewalttätigkeit der Christen und Kirchen in ihrer Geschichte gefördert hat. Es gibt den »heiligen Zorn«, die Quelle von Gewalttätigkeit. Dieses Gottesbild zwischen Liebe und gewalttätigem Zorn gibt der Praxis der Gewaltausübung wie in den Kreuzzügen starken Rückenwind, wie Untersuchungen deutlich gemacht haben. Man hat festgestellt, dass dieses Gottesbild sich sehr leicht mit »schwarzer Pädagogik« verbündet: Die Bosheit von Kindern muss aus Liebe mit Gewalt (Prügelstrafe) von Anfang an ausgetrieben werden. Der Stock, mit dem der Pädagoge zuschlägt, ist Zeichen der Liebe.
8. Was bildet sich der Mensch eigentlich ein, wer er ist? Er ist so eitel und selbstverliebt, dass für seine Sünden das Äußerste geschehen muss: Gott opfert seinen Sohn. Welch ein Narzissmus! Das Beste ist für unsere Fehler gerade gut genug. Der Sohn Gottes muss es schon sein.

   Ganz anders verhält es sich in der Geschichte vom Turmbau zu Babel. Die Menschen bauen einen riesigen Turm, der bis in den Himmel reichen soll. Die Bibel erzählt mit dem ihr eigenen Humor: Gott kann es von da oben gar nicht richtig wahrnehmen. Gott muss heruntersteigen, um zu sehen, welchen kümmerlichen Turm sie bauen: »Da fuhr der Herr hernieder, dass er sähe die Stadt und den Turm« (1. Mose 11)
9. Und hier der Grundfehler: Bei Anselm ist Gott der Empfänger der Versöhnung. Gott muss versöhnt werden, damit er nicht mehr zürnt. Aber in der Bibel wird immer nur der Mensch versöhnt. (2. Korinther 5,19 »Gott war in Christus und versöhnte die Welt mit sich selber.«) Nicht Gott ist der Empfänger dieser Opfertat, sondern der Mensch empfängt das Geschenk der Versöhnung.

»Anselm light« Dieser letzte Gedanke hat sich inzwischen weit verbreitet. Nicht Gott muss versöhnt werden – wir müssen versöhnt werden. Gott schenkt die Versöhnung. Er ist das Subjekt, nicht das Objekt der Versöhnung. Mit dieser Einsicht grenzen sich viele von Anselm ab. Aber dann lehren sie eine Theologie, die ich hier »Anselm light«

nennen möchte. Anselms Lehre ist nur ein ganz klein wenig verändert, alles andere bleibt.

Gott will uns versöhnen, aber er kann uns nicht einfach durch Vergeben aus seiner Güte versöhnen. Nein, die Sünde muss gesühnt werden. Und das geht auch hier nur durch ein Opfer, ein Blutopfer. Wie bei Anselm: Gottes große Liebe zeigt sich darin, dass er seinen Sohn am Kreuz töten lässt. Auch hier: Gewalt und Liebe sind in Gott fest verbunden.

Aber warum braucht es denn ein Blutopfer? Kann Gott nicht versöhnen ohne Blut und Tötung? Welchem Sühnegesetz wird hier Gottes Güte unterworfen? Kann ich nicht glauben, dass Gottes Liebe so stark, kreativ und kräftig ist, dass sie Neues setzen, Versöhnung schaffen kann, ohne dass entsprechend archaischen Straf- und Rachegesetzen Blut fließen muss? Was für ein Gott wird uns da vor Augen gestellt?

Alle oben aufgeführten Anfragen an Anselms Theorie bleiben auch bei dieser etwas veränderten Form seiner Sühnopfertheologie, auch bei »Anselm light«.

4. Zurück zu Jesus!

WENN WIR WISSEN WOLLEN, wie das Reden von einem Sühnopfer Jesu eigentlich entstehen konnte, fangen wir sinnvollerweise ganz vorne an. Allerdings starten wir nicht bei Adam und Eva, obwohl Adam später in diesem Buch noch eine wichtige Rolle spielen wird. Wir fangen bei Jesus von Nazareth an und übergehen zunächst die Tatsache, dass die alte Heilige Schrift der Juden und ihre Tradition für Jesus eine ganz wichtige und grundlegende Vorgeschichte ist, ohne die man den Juden Jesus kaum verstehen kann.

Wenn wir nun im Neuen Testament nach dem Schriftsteller suchen, der zeitlich am nächsten an die Lebensdaten Jesu (gestorben um 30) heranreicht, um möglichst viel Authentisches aus dem Leben Jesu zu hören, kommen wir zu Paulus. Seine Wirkungszeit liegt zwischen ca. 35 und 60 n. Chr. Aber leider hilft der uns überhaupt nicht. Denn von Jesus scheint er kaum mehr gewusst zu haben, als dass er gekreuzigt worden und vom Tode auferstanden ist. Paulus sieht nur den Jesus am Kreuz und den Auferstandenen. Aber von dem Menschen Jesus, der über die staubigen Straßen Palästinas wanderte, vor Menschenmengen redete, Wunder tat und Streitgespräche führte und in der Einsamkeit der Berge das Gebet suchte, erzählt er nichts. Hat er das nicht gewusst? War ihm das gegenüber Kreuz und Auferstehung unwichtig?

Sein Schweigen darüber ist umso unerklärlicher, weil in den Christengemeinden gleichzeitig an vielen Stellen erzählt wurde, wie Jesu gewesen war, was er gesagt, was er getan und wie er gelebt hatte.

Danke, Evangelisten! Warum haben die Männer, die später Evangelisten genannt werden, ihre Evangelien abgefasst? Wollten sie mit ihnen etwas dagegen tun, dass nur die Paulusbriefe den Glauben der Christen bestimmten und nicht all das Großartige, Verwunderliche und Hilfreiche, was es aus dem Leben Jesu zu erzählen gab? Jedenfalls haben sie das Material zum Leben Jesu systematisch gesammelt und zusammengestellt. Als Markus, der erste in dieser Reihe, mit seiner Sammeltätigkeit anfing, war Jesus bereits ca. 40 Jahre tot. Das ist eine lange Zeit, und dieser zeitliche Abstand hat Folgen.

Manches Gleichnis Jesu war in den christlichen Gottesdiensten oft nacherzählt, aber dabei immer wieder von den Predigern aktualisiert worden. Manches bekam neue Akzente, so dass es zu den Fragen der Zeit passte. Ich kann mir gut denken, wie ein Prediger sagt: »Jesus will nun von uns, dass wir …«. Und mag sein, dass einer der Zuhörer dies wörtlich verstand und dann seinerseits als einen Ausspruch Jesu weitergab: »So spricht Christus: …«.

Jedenfalls änderten sich die Geschichten und Worte durch das Weitergeben. Vor allem wurden sie im Nachhinein erzählt, als man wusste, dass Jesus gekreuzigt und auferstanden war. Dieses Wissen ist in ganz viele Überlieferungen direkt oder indirekt hineingeflossen.

Die Evangelisten waren gewissenhafte Sammler, aber keine Wissenschaftler. Sie gingen an die vorgefundenen Stoffe nicht wie moderne Historiker heran, sondern wie Sammler, die jedes Mal meinten, eine besondere Kostbarkeit gefunden zu haben. Aber sie waren auch Theologen. Durch ihre redaktionelle Arbeit beim Zusammenstellen der Texte, durch die Ordnung und Reihung, durch Überleitungen von einer Geschichte zur anderen und auch durch behutsames Weglassen oder Einfügen von einzelnen Wörtern versuchten sie den Sinn zu erschließen, so wie sie ihn für ihre Zeit und ihre Umgebung verstanden.

Jeder der vier Evangelisten war ein eigener Mensch mit einem durch Herkunft und Umgebung geprägten Glauben. Darum haben wir vier wirklich verschiedene Evangelien. Niemanden kann es verwundern, dass durch all dies hindurch ein streng historisch erkennbarer Jesus ganz schwer zu ermitteln ist. Natürlich gibt es Einzelnes, von dem man mit gutem Recht sagen kann: Das ist historisch ganz echt. Aber meistens weiß man es nicht. Es ist nicht schlecht, wenn sich Forscher bemühen, den historischen Jesus herauszuarbeiten. Aber ganz viel authentische Worte bekommen sie da nicht. Der historische, der echte und wirkliche Christus steckt jedoch ganz fest in der Überlieferungen drin. Das Historische und das Glaubenszeugnis der Christen der ersten Zeit haben sich einfach untrennbar miteinander verbunden.

Ich denke, dass wir darum ein recht gutes und verlässliches Bild von dem bekommen, was Jesus gewollt, was er als seine Botschaft verstanden hat. Wenn wir jedenfalls fragen wollen, wie alles anfing, werden wir nicht mit den kümmerlichen Spuren eines historischen Jesus beginnen, sondern mit dem Zeugnis über ihn, das uns in den Evangelien aus dem Glauben der ersten Christen begegnet.

Immer wird uns auf den folgenden Seiten das Thema dieses Buches als Frage begleiten, ob Jesus sich als Sühnopfer für unsere Sünden verstanden hat, ob es sein Lebensinhalt oder Lebensziel war zu sterben, um damit das Heil für uns zu bringen. Um es vorwegzunehmen: Auf den 170 Seiten Evangelientext meiner Bibel gibt es die Vorstellungen von einem Sühnopfer Jesu, dessen Blut uns von Sünden rein macht, nur in wenigen Versen, also in geradezu homöopathischer Verdünnung.

Wozu ist Jesus geboren worden? Auf alten Weihnachtsbildern kann man gelegentlich oberhalb der Krippe an der Wand ein kleines Kreuz mit dem Körper des Gekreuzigten sehen. Das ist historisch natürlich Unsinn. Aber die Künstler haben damit darauf aufmerksam machen wollen, dass Jesus in die Not und Armut unserer Welt hineingeboren wurde und dass schon diese erste Station seines Lebens viel von dem vorwegnimmt, was hinterher durch seine Kreuzigung eine Zuspitzung erfährt. Ja, er ist für uns Menschen gekommen, in unsere Dunkelheit und in unser Leid, in unsere äußere und innere Armut. Aber jeder Gedanke daran, dass er geboren wurde, damit er später als Sühnopfer für unsere Sünden sterben kann, liegt den Weihnachtsgeschichten unendlich fern. Lukas hat Maria, die auf die Geburt ihres Kindes Jesus wartet, einen Psalm in den Mund gelegt. Darin thematisiert sie ihre Erfahrung, als einfache Frau aus dem Volk, als eine von unten, durch diese wunderbare Geburt Jesu hoch gewürdigt worden zu sein. »Er stößt die Gewaltigen vom Thron und erhebt die Niedrigen« (Lukas 1,52), sagt sie, und radikalisiert geradezu bis zu revolutionären Umsturztönen, was wir oben bereits unter dem Begriff der Kondeszendenz behandelt haben, dass Gott die Niedrigen aus dem Staub erhebt.

Einmal wird davon geredet, dass Jesus gekommen sei, um sein Volk von den Sünden zu retten. Josef hat einen Traum: Der Engel des Herrn erscheint und teilt ihm Marias Schwangerschaft mit. Und dabei sagt er: »Sie wird einen Sohn gebären, dem sollst du den Namen »Jesus« (= »Gott hilft«) geben, denn er wird sein Volk retten von seinen Sünden« (Matthäus 1,21).

Matthäus sieht eine der großen Aufgaben Jesu darin, die Menschen aus ihrer Sünde zu retten. Deshalb wird er den Leuten den Weg aus der Sünde weisen durch die Auslegung des Gesetzes etwa in der Bergpredigt und durch Vergebung der Sünden. Aber man muss schon ein sehr überzeugter Anhänger der Sühnopfertheologie sein, um diesen Gedanken hier einzubringen. Er gehört hier einfach nicht hin.

Interessant ist die andere Stelle, wo von der Vergebung der Sünden durch einen anderen als Jesus geredet wird. Wie Maria aus Anlass der Geburt des Jesus ein Lied singt, erhebt hier Zacharias seine Stimme wegen der Geburt seines Sohnes Johannes (= »Gott ist gnädig«), der später als der Täufer am Jordan wirkt. In dem Lied singt er davon, dass Johannes kommt, um die Sünden zu vergeben. »Du wirst dem Herrn vorangehen, dass du seinen Weg bereitest und Erkenntnis des Heils gebest seinem Volk in der Vergebung ihrer Sünden durch die herzliche Barmherzigkeit unseres Gottes, durch die uns besuchen wird das aufgehende Licht aus der Höhe, damit es erscheine denen, die sitzen in der Finsternis und Schatten des Todes und richte unsere Füße auf den Weg des Friedens« (Lukas 1,78f.).

So wird Johannes später durch die Taufe zur Vergebung der Sünden das Volk darauf vorbereiten, dass nach ihm ein anderer kommt, dessen Aufgabe nach diesem Text ist: Licht zu sein für die im Dunkeln und sie auf den Weg des Friedens zu führen. Dass er als Sühnopfer sterben soll, ist nicht im Blick.

Der alte Mann mit Namen Simeon, der in dem Jerusalemer Tempel den Gesalbten Gottes vor seinem Tode zu sehen hoffte, bekommt von Josef und Maria das Jesuskind in den Arm gelegt. Nun wird er in Frieden sterben können. Denn »meine Augen haben deinen Heiland gesehen[...] ein Licht zu erleuchten die Heiden.« (Lukas 2,31f.)

Die Menschen der Bibel sind voll des Glücks, dass Jesus geboren wurde. Von seinem Sühnopfertod wissen sie nichts, aber z. B. von dem Licht, das er in seinem Leben in die Dunkelheit der Welt bringt.

Übrigens kennt das Johannesevangelium keine Geburtsgeschichte, beschreibt aber doch in den Anfangsversen die Lebensaufgabe Jesu ganz ähnlich: als das wahre Licht die Menschen zu erleuchten (Johannes 1,9: »Das war das wahre Licht, das alle Menschen erleuchtet«).

Was ist die zentrale Botschaft? »Das Reich Gottes ist nahe herbeigekommen«. Sowohl Johannes der Täufer als auch Jesus fassen darin ihre Botschaft zusammen. Und doch meinen beide damit etwas Verschiedenes.

Bei Johannes dem Täufer bedeutet das Kommen des Reiches Gottes in traditioneller Sicht eine große Gefahr für die Menschen, denn sie sind Sünder. Wenn Gott kommt, kommt er als Richter. Darum muss man Gottes Kommen fürchten. Wie nur kann man dem verdienten Gericht entgehen?

Johannes bietet eine Hilfe an: »Tut Buße!«, predigt er und: »Lasst euch taufen!« Johannes tauft im Jordan. Diese Taufe soll vor Gottes Gericht und Zorn schützen. Die Menschen strömen zu ihm in die Wüste an den Jordan, weil Johannes ihnen die Angst vor dem Gericht Gottes nimmt. Sie beeilen sich, Buße zu tun und sich taufen zu lassen, denn das Reich Gottes ist ja nahe herbeigekommen.

Die Botschaft Jesu wird genauso zusammengefasst: »Tut Buße, denn das Reich Gottes ist nahe herbeigekommen!« Aber bei Jesus kommt das Reich Gottes nicht als Strafgericht, vor dem ich mich schützen muss. Es kommt im Gegenteil als die Erlösung der Menschen aus ihrem Elend. Bei ihm ist dieses Reich Gottes die Herrschaft eines Gottes, der Liebe ist und Güte beweist. Jesus holt die Menschen aus ihrer Sünde. Gottes große Liebe soll ihr Leben ändern. Reich Gottes bedeutet bei Jesus nicht Gericht, sondern Heil; nicht Gefahr, sondern Rettung; nicht Angst, sondern Freude.

Ist die Sündenvergebung das Heil? Die Vertreter der Sühnopfertheologie nennen als zentralen Inhalt des Evangeliums den Sühnopfertod Jesu für unsere Sünden. Wie anders sehen das die Evangelisten! Sünde ist bei ihnen eher ein Nebenthema. Es wird schon erstaunlich wenig von der Sünde geredet. Aber wenn die Sündenvergebung nicht der wichtigste Schlüsselbegriff ist, mit dem der Sinn des Kommens Jesu verständlich wird, was dann? Was könnte der Schlüssel zum Sinn seines Lebens unter uns Menschen sein?

Lukas bietet einen »Schlüsseltext« an (Lukas 4,16ff.): Einmal, so erzählt er, geht Jesus in Nazareth zur Synagoge. Wie es Brauch war, werden Besucher aufgefordert, aus der Bibelrolle vorzulesen. So reicht man Jesus eine Jesajabuch-Rolle. Er liest folgenden Text vor: »Der Geist des Herrn ist auf mir, weil er mich gesalbt hat, zu verkündigen das Evangelium den Armen; er hat mich gesandt zu predigen den Gefangenen, dass sie frei sein sollen, und den Blinden, dass sie sehen sollen, und den Zerschlagenen, dass sie frei und ledig sein sollen, zu verkündigen das Gnadenjahr des Herrn« (Jesaja 61,1f.). Dann gibt er die Schriftrolle zurück.

Wie damals üblich, setzt er sich zum Predigen hin und beginnt seine Rede so: »Heute ist dieses Wort der Schrift erfüllt vor euren Ohren« (Lukas 4,21).

Arme, Gefangene, Blinde, Zerschlagene sind die Adressaten seines Kommens. So versteht sich Jesus. Die Erlösung, die er bringt, ist hier nicht die Erlösung von den Sünden, sondern aus Not, Elend und Befreiung aus der Ungerechtigkeit.

Das Reich Gottes, das er ankündigt, bringt Heil den Benachteiligten und den Opfern des Lebens. Jesus wird später sagen, dass er der Arzt ist, der für die Kranken gekommen ist.

Das Evangelium von Jesus ist üppig und reichhaltig. Wer beschreiben will, wozu Jesus gekommen ist, kommt mit einer einzigen Formel und einem einzigen Begriff nicht aus. Aber wozu ist er in dieses Leben gekommen – um als Sühnopfer zu sterben? Das gibt es nicht.

Er vergibt Sünden. Auch darin sieht er, wenn es nötig ist, seine Aufgabe. Dabei entwickelt er eine ganz eigenwillige Art, die Sündenvergebung praktisch zu beweisen: Er isst mit den Sündern. Er lädt sich bei ihnen zum Mahl ein. (Matthäus 9,11: »Warum isst euer Meister mit Zöllnern und Sündern?«) Eher sind diese Mahlfeiern als Zeichen für Vergebung anzusehen als das Kreuz, an dem Jesus stirbt.

Tatsächlich wird Jesus nicht wegen der Sünden der Menschen sterben, eher wird er sterben, weil andere es als Gotteslästerung ansehen, dass er Sünden vergibt, und meinen, dagegen auf Dauer Maßnahmen ergreifen zu müssen. Denn Sünden vergeben kann allein Gott. Was maßt sich dieser Jesus an! (Matthäus 9,3: »Und siehe, einige unter den Schriftgelehrten sprachen bei sich selbst: Dieser lästert Gott.«)

Eine der schönsten Vergebungs-Geschichten ist die vom verlorenen Sohn. Wenn man den christlichen Glauben kurz erklären will, dann sollte man (neben der Geschichte vom Barmherzigen Samariter) diese wunderbare Geschichte einfach erzählen und sagen: So ist Gott. Obwohl sie gut bekannt ist, will ich sie hier wenigstens in Umrissen wiedergeben (Lukas 15,11ff.).

Der verlorene Sohn Ein Bauernsohn lässt sich das Erbe vom Vater auszahlen. Das gehört sich so nicht. Außerdem lässt er den Vater mit seiner vielen Arbeit im Stich. Auf Streifzügen durch die Kneipen markiert er den starken Mann und hat viele Freunde und Freundinnen, bis sein Geld verbraucht ist. Der nun folgende soziale Abstieg lässt ihn im Schweinestall eines anderen Bauern landen. Als er aber dann mit ungutem Gefühl nach Hause mehr schleicht als geht, läuft der Vater ihm entgegen und schließt ihn überglücklich in die Arme: Du warst verloren, nun bist du wiedergefunden.

Die Vaterliebe vergibt dem Sohn. So ist es mit Gottes Vergeben, meint Jesus mit dieser Geschichte. Kehrt zu ihm zurück, er wird euch mit Liebe umarmen. Auch hier wird die Vergebung der Sünden mit einem großen Festmahl – ein Kalb wird geschlachtet! – demonstriert. Aber einen Hinweis auf die Vorläufigkeit der Vergebung, weil Jesus ja noch nicht am Kreuz gestorben ist, gibt es nicht.

Jesus lebt riskant Jesus hat gefährlich und riskant gelebt. Durch Provokationen hat er die Feindschaft der Mächtigen auf sich gezogen. Es wäre falsch zu sagen, Jesus habe völlig unnötig provoziert. Er hat nicht aus spätpubertärer Lust an der Provokation gehandelt, auch nicht, um sich durch Provokation ins Gespräch zu bringen. Die Provokationen, die ihn später das Leben kosten werden, stehen in engstem Zusammenhang mit seiner Botschaft. Seine Botschaft war die Provokation schlechthin.

Wenn gesagt wird, er habe gepredigt »mit Vollmacht und nicht wie die Schriftgelehrten« (Matthäus 7,29), dann ahnt man, dass es Neider gab: Menschen, die schlechter predigten als er und die dabei weniger Erfolg hatten. Warum aber hatte er so viel Erfolg? Weil er seinen Zuhörern liebevoll zugewandt war und ihnen ganz verständlich von der Liebe Gottes erzählte. Wer hat schon wie Jesus so von der Liebe Gottes geredet? Wer hat wie Jesus so zur Vorfreude und Umkehr aufgerufen, weil das Reich Gottes nahe herbeigekommen ist?

Und dann war seine Lebensführung eine Provokation nach der anderen. Man weiß heute durch sorgfältige Textanalysen, dass Jesus nicht nur Jünger, sondern auch Jüngerinnen gehabt hat. Er ließ Frauen in seiner Umgebung zu. Das gehörte sich damals nicht.

Nicht ohne Anlass konnten seine Feinde ihm nachsagen, er sei ein Fresser oder Weinsäufer (Matthäus 11,19) gewesen, wobei sie sicher maßlos und böswillig übertrieben haben. Es war schon riskant und gefährlich für Jesus, die Gottesbotschaft so anschaulich und konkret zu vermitteln.

Für uns ist es vielleicht überraschend, dass gerade die Übertretungen des Sabbatgebots den Entschluss seiner Gegner auslöste oder bestärkte, für seine Liquidierung zu sorgen. So heilte er am Sabbat einen Menschen mit einer gelähmten Hand und rechtfertigte das so: »Man darf am Sabbat Gutes tun«. Darauf berieten seine Feinde darüber, wie sie ihn umbrächten (Matthäus 12,1ff.). Aber Jesus blieb bei der Botschaft von Gottes Liebe zu den Menschen, die für das Sabbatgebot eine wichtige Orientierung bedeutet: »Der Sabbat ist für den Menschen, nicht der Mensch für den Sabbat da.« (Markus 2,27f.) Er benahm sich so, als ob er der Herr über den Sabbat sei. Das rührte an die Grundfesten der Gesellschaftsordnung, die von der Gültigkeit der Tora als Gottes Gesetz bestimmt war.

Die Verantwortlichen erschreckte das. Die Pharisäer waren zwar nicht die kleinlichen Gesetzeshüter, für die wir sie heute oft halten. Sie glaubten an einen gütigen Gott und wollten selbst gütig sein. Sie konnten es durchaus billigen, dass jemand den Sabbat brach, um einem anderen zu helfen. Aber nun ist bei den Verantwortlichen die Sorge über Jesu zu große Freiheit und Eigenmächtigkeit aufgekommen, Angst vor dem schlechten Vorbild, das er abgibt. Deshalb sagten sie sich: »Es ist besser, wenn ein einziger Mensch für das Volk stirbt, als wenn das ganze Volk zugrunde geht.« (Johannes 11,50) Aus Staatsinteresse wird man ihn opfern müssen – natürlich nicht als Sühnopfer für Sünden. Jesus wird dem politischen Interesse der Juden und Römer geopfert. Das ist kein sinnloses Opfer in ihren Augen.

Hat Jesus den Tod gesucht? Jesus hätte den Tempel in Jerusalem respektieren müssen. Aber er tut es nicht. Das ist doch respektlos, wie er im Tempel den Geldwechslern die Tische umstürzt und die Opfertier-Händler aus dem Tempel heraustreibt!

Jesus hätte auch nicht nach Jerusalem gehen müssen, sozusagen in die Höhle des Löwen! Aber gerade dort, an der Heiligen Stätte, in der Mitte der jüdischen Gesellschaft wollte er auftreten und seine Botschaft sagen. Er wollte sie nicht im fernen Galiläa verstecken, sondern mitten im Tempel in Jerusalem seine Botschaft vom Reich Gottes proklamieren und den Menschen anbieten. Auch und gerade die Verantwortlichen sollten es hören. Aber die fühlten sich nur provoziert. Ihre Entschiedenheit, das Problem durch Liquidation zu lösen, war gereift, ihr Zorn an seinen Siedepunkt gekommen.

Jesus wollte nicht sterben. Aber er wollte lieber sterben als Gottes Evangelium verraten und aus Jerusalem flüchten. Die Versuchung zur Flucht war da. Die eindrückliche Legende von Jesus im Garten Gethsemane schildert das innere Ringen Jesu sehr deutlich: Ich will nicht sterben müssen, ich will leben, ich habe Angst, ich will fliehen. Das sind die Gedanken Jesu auf der einen Seite.

Aber auf der anderen Seite weiß er: Ich habe Gottes Wort zu sagen, auch hier in Jerusalem. Ich habe Gottes Botschaft. Die muss ich jetzt sagen, auch wenn es mir den Tod bringt. »Dein Wille ist, dass ich Dich, Vater im Himmel, und deine Güte und Gerechtigkeit verkündige.« Es ist ein Kampf zwischen seinem Willen und Gottes Willen. Er will sich am liebsten davonmachen. Nur nicht sterben müssen. Aber Gott will, dass er standhält statt zu flüchten.

Und im Gebet ringt Jesus sich durch: »Nicht mein Wille, sondern dein Wille geschehe.« (Lukas 22,42)

Wohlgemerkt: Der Wille Gottes war nicht, dass Jesus getötet wurde, sondern dass er bei der Botschaft von seiner Güte blieb. Und dass sie dann kamen, die Helfershelfer der Mächtigen, und ihn gefangen nahmen, verurteilten, hinrichteten, das hätten sie nach Gottes Willen nicht gedurft, aber sie haben es getan.

Hat Jesus sich für uns geopfert? Jesus hat den Tod nicht gesucht. Aber er hat ihn provoziert. Man kann auch sagen, dass Jesus sich selbst opfert. Vermutlich weiß er, welches Risiko für ihn mit seiner Botschaft verbunden ist. Weil er ganz bewusst bei seiner Botschaft bleibt und nicht nachgibt, setzt er sein Leben aufs Spiel. Das ist eine Art von Selbstopfer. Und er bleibt dabei nicht aus Rechthaberei, sondern um für uns Menschen ein glaubwürdiger Zeuge seiner Botschaft zu sein. So kann man, ja muss man sagen: Christus opfert sich für uns. Aber er wird nicht sterben als Sühnopfer für unsere Sünden, sondern als der Zeuge Gottes für die Menschen, die ihm glauben sollen und den die Mächtigen beseitigen wollen, weil sie ihn mit seiner Botschaft für schädlich halten.

So sollen auch die Jünger bei der Botschaft bleiben: »Geht in alle Welt und lehrt alle Völker« (Matthäus 28,18ff.)

Darum wird nach Ostern immer wieder unter den Christen ein Satz gesagt, so als ob er von Jesus selbst stammte: »Wer mir nachfolgen will, der nehme sein Kreuz auf sich und folge mir nach.« (Matthäus 16,24)

Wie Jesus sollen wir sein: natürlich keine Sühnopfer werden für anderer Leute Sünde, denn das war Jesus ja auch nicht. Das Kreuz auf sich nehmen heißt: die Botschaft von Jesus weitertragen, auch wenn es riskant ist und sogar lebensgefährlich wird.

5. Ein Beispiel: Das Gleichnis von den bösen Winzern (Markus 12,1–9)

Jetzt kommt ein Kapitel, das Sie ruhig überschlagen können. Es gibt keine für den Gedankengang dieses Buches wichtigen neuen Einsichten. Aber vielleicht ist dieses Kapitel doch interessant, weil Sie hier sehen können, wie ich mit der Bibel umgehe. Ob das nach Ihrer Meinung richtig ist, darüber können Sie sich dann ein eigenes Urteil bilden.

IN DEN EVANGELIEN finden wir viele Gleichnisse. Darunter ist eine Gruppe, die beschreibt, dass »der Herr« weggeht und seine Leute eine Zeitlang ohne ihn auskommen müssen. Diese Gleichnisse geben Anweisungen und Anregungen für diese Zeit der Abwesenheit des Herrn. Das sind natürlich Gleichnisse, die erst *den* Christen wichtig sind, die schmerzlich empfinden, dass ihr Herr Jesus nicht mehr bei ihnen ist und sie nun »eine Zeitlang« ohne ihn auskommen müssen. Sie fragen sich, wie sie diese Zeit bis zu seinem Wiederkommen überbrücken und gestalten sollen. Darum stammen diese Gleichnisse in ihrer jetzigen Gestalt aus der Zeit nach Ostern. Sie sind so, wie wir sie lesen, nicht vom irdischen Jesus gesprochen.

Jesus glaubte nicht an einen abwesenden Gott. Er war sich der Nähe Gottes ganz sicher. Er glaubte, sein Leben in ganz großer Übereinstimmung mit Gott zu führen. Darum war für ihn Gott nicht weit weg, sondern ganz nah.

Wenn man eine der Besonderheiten der Botschaft Jesu benennen will, dann ist es vielleicht dies: Gott ist in seiner Güte ganz nah. Jesus sagt: »Tut Buße, denn das Reich Gottes ist nahe herbeigekommen.« (Matthäus 4,17b)

Einmal, als er unter den Leuten steht, die ihn nach dem Reich Gottes fragen, antwortet er: »Siehe, es ist mitten unter euch.« (Lukas 17,21b) Oder: »Wenn ich durch Gottes Finger die bösen Geister austreibe, so ist ja das Reich Gottes zu euch gekommen.« (Lukas 11,20)

Umso schwieriger empfanden die Christen nach Ostern die Tatsache, dass er so nicht mehr da war, wie er es vorher war – trotz seiner Auferstehung. Damals, können wir vermuten, bekamen Gleichnisse und Geschichten wie das von den bösen Winzern ihre für die Christen aktuelle veränderte Gestalt. Sie handelten davon, dass irgendjemand weg geht und für eine bestimmte Zeit abwesend ist.

Eine dieser Geschichten erzählt Matthäus (25,14ff.): Ein Kaufmann tritt eine Handelsreise in die Ferne an. Bevor er aufbricht, muss er sein Geld in gute Hände geben. Sein Geld – das waren keine Euro, keine DM, die Währung nannte sich Talente – gibt er seinen Mitarbeitern zur Verwaltung während seiner Abwesenheit. Und das ist ja für unsere Ohren sehr mehrdeutig und hintersinnig, Talente sind heute für uns die Begabungen, die wir haben.

»Macht was aus den Talenten, die ich euch gegeben habe«, sagt er ihnen und: »Ich bin dann jetzt weg, aber ich komme wieder. Auch wenn es lange dauert.« Er ist abwesend, aber wir hören die Mahnung: Nutzt diese Zeit der Abwesenheit aus. Denn das ist der Sinn dieser Abwesenheit, dass wir Verantwortung übernehmen. Er wird uns nach unseren Talenten fragen und was wir daraus gemacht haben.

Oder dieses Beispiel (Markus 12,1ff.): Ein Mensch legte einen Weinberg an, eine Topanlage. Er hat die Weinstöcke gepflanzt, er hat sie gedüngt mit Eselsmist, beschnitten mit seinem Winzermesser, nun sind sie in bester Verfassung. Dann hat er noch einen Zaun um den Berg gezogen; jetzt sind die Weinstöcke gegen Tiere geschützt. Und Diebe haben es auch nicht mehr so leicht. Dieser Weinberg bekommt eine große Kelter. Denn die Erträge dieser Weinstöcke brauchen eine große Kelter. Und aus dem reichlichen Saft wird es reichlichen Wein geben. Dann verpachtet er das Ganze. Und er sagt den Pächtern: »Ich bin dann jetzt mal weg. Aber ich werde euch nach der Pacht fragen und nach den Erträgen.«

Also wieder so eine Geschichte, die von der Abwesenheit Gottes handelt. Und so beginnt sie im biblischen Wortlaut:

»Ein Mensch pflanzte einen Weinberg und setzte einen Zaun darum und grub einen Keltertrog und baute einen Turm; und er verpachtete ihn

an Weingärtner und reiste außer Landes. Der Weinbergbesitzer sandte nach einiger Zeit einen Knecht zu den Weingärtnern, um die Pacht abzuholen. Sie aber nahmen ihn, schlugen ihn und sandten ihn leer fort. Da sandte er wieder einen anderen Knecht zu ihnen; und den verwundeten sie am Kopf und beschimpften ihn. Und er sandte einen anderen, und den töteten sie; und viele andere; die einen schlugen sie, die anderen töteten sie.«

Hier unterbreche ich die biblische Geschichte, um mit Ihnen zu überlegen, wie sie wohl weitergeht. Ich mache Ihnen drei Vorschläge. Zwei habe ich mir ausgedacht. Und nur einer ist aus der Bibel.

Sehen wir uns den ersten Text an.

1. *»Da schickte er seinen geliebten Sohn zu ihnen und sprach zu ihm: Ich will dich zu ihnen senden, denn ihre Sünde ist groß. Und du wirst dich hingeben als Opfer für ihre Sünden. Sie werden dich töten und umbringen. Aber durch dein Opfer werden sie von ihrer Sünde erlöst.«*

Ist dieser Text getürkt? Oder ist er aus der Bibel?

Natürlich ist er nicht aus der Bibel. Allen Gerüchten zum Trotz, dass der Sühnopfergedanke der zentrale Gedanke der Bibel ist, kommt er nur ganz selten in den Evangelien vor. Und wir spüren, wie wenig er in dieser Geschichte Platz finden kann, obwohl vom Tod des Sohnes die Rede ist. Aber jetzt lesen Sie bitte die zweite Fassung und fragen sich, ob Sie diesen Text der Bibel zutrauen.

2. *»Noch einen hatte er, einen geliebten Sohn, den sandte er als letzten zu ihnen, indem er sprach: Sie werden sich vor meinem Sohn scheuen. Jene Weingärtner aber sprachen zueinander: Dies ist der Erbe; kommt, lasst uns ihn töten, und das Erbe wird unser sein. Und sie nahmen und töteten ihn und warfen ihn zum Weinberg hinaus. Was wird der Herr des Weinbergs tun? Er wird kommen und die Weingärtner umbringen und den Weinberg anderen geben.«*

Es ehrt Sie, wenn Sie diesen Text als unbiblisch ansehen, denn so ganz einfach ist seine Botschaft ja mit dem nicht zusammenzubringen, was wir von Jesus wissen und glauben. Aber es ehrt Sie auch, wenn Sie sagen, dies sei der Bibeltext. Sie haben gute Bibelkenntnis. Tatsächlich endet so das Gleichnis in der Bibel. Markus hat aus Respekt vor dem Tradierten dieses Gleichnis als Gleichnis Jesu aufgenommen, obwohl Jesus selbst mit großer Sicherheit dieses Gleichnis nicht so beendet hat.

Wie hier über den Tod Jesu geredet wird, verstärkt die Wahrscheinlichkeit meiner Vermutung, dass die jetzige Form des Gleichnisses aus der Zeit nach der Tötung Jesu stammt.

Wie soll man das Gleichnis in dieser Fassung auslegen? Eigentlich ist das ganz einfach. Der Weinberg, das ist das Volk Gottes. Die Weingärtner sind die Verantwortlichen in diesem Volk. Dass sie die Propheten zurückwiesen oder töteten, die Gott ihnen sandte, ist ein alter Vorwurf, der auch hier wieder auftaucht. Der geliebte Sohn zum Schluss ist ohne Frage Jesus, der von den Obrigkeiten getötet wird, nicht als Sühnopfer natürlich, sondern um seine Forderungen von Gott zum Schweigen zu bringen.

Sie haben ihn, den Sohn, getötet. Sie nahmen und töteten ihn und warfen ihn zum Weinberg hinaus. Das wird im Perfekt erzählt, liegt also in der Vergangenheit. Der Sohn ist schon getötet worden. Man merkt: Hier wird aus der Sicht nach der Kreuzigung erzählt.

Von Jesus selbst ist diese Geschichte nicht. Er hätte auch nie solche Strafen angedroht: »Er wird die Weingärtner umbringen und den Weinberg anderen geben.«

Auch hierfür hat die Kirche der folgenden Jahrhunderte eine klare Interpretation gefunden und beschrieben, was damit gemeint ist: Die Juden waren es; sie haben alle Boten des großen Gottes umgebracht und am Schluss sogar seinen lieben Sohn. Sie haben Jesus getötet. Damit haben sie den Anspruch auf die Liebe Gottes verwirkt. Nun sind die Juden verworfen. Ihnen wird der Weinberg genommen. Gott bestraft sie, indem Römer ihre Stadt Jerusalem zerstören.

Die Christen, die diese Geschichte erzählt haben, haben sich meist als die neuen Pächter des Weinbergs gesehen, nachdem er den Juden zur Strafe weggenommen war. Im Verlauf der Geschichte haben sich die Christen dann das Recht herausgenommen, sozusagen als Gottes

Gerichtsvollzieher das hier angekündigte Gericht an den Juden zu vollziehen.

Dies ist eine entsetzliche, antijüdische Interpretation der Geschichte. Aber die Bibel legt sie uns nahe. Wir dürfen biblische Geschichten deshalb nicht einfach im Verhältnis eins zu eins als Gottes Wort und Jesu Predigt ansehen. Es gibt in der Bibel auch Texte, die man nicht akzeptieren darf, wenn man dem wirklichen Willen Jesu Folge leisten will.

Nun hatte ich oben drei Texte versprochen – hier kommt der dritte:

3. *»Und er sandte zur bestimmten Zeit zu den Weingärtnern einen Knecht, um von ihnen die Pacht für den Weinberg zu empfangen. Sie aber nahmen ihn, schlugen ihn und sandten ihn leer fort. Und wieder sandte er einen anderen Knecht zu ihnen; den verwundeten sie am Kopf und beschimpften ihn. Und so verfuhren sie auch mit den anderen, die der Besitzer des Weinbergs sandte. Zuletzt aber, was wird der Herr des Weinbergs tun?«*

So etwa könnte die Geschichte bei Jesus geklungen haben. Es ist nämlich typisch für Jesus, am Schluss eine Frage zu stellen. Er will das Nachdenken der Leute anregen und sie an der Findung von Lösungen aktiv beteiligen.

Darum also die Frage: *»Was wird der Herr des Weinbergs tun?«*

Aber wie könnte die Geschichte dann weitergehen, wenn sie eine gute Jesusgeschichte ist? Ich hab mir auch eine Fortsetzung überlegt und dabei sogar einen Ausspruch eingebaut, der Jesus zugeschrieben wird.

»Da antworteten die Leute und sprachen zu Jesus: ›Er wird kommen und die Weingärtner umbringen und den Weinberg andern geben.‹ Aber Jesus widersprach ihnen: ›Ich sage euch, dass er erneut einen Boten senden wird, um sie durch seine Güte und Geduld zur Buße zu rufen.‹ Da sagte einer: ›Wie oft soll man denn vergeben? Genügt es nicht siebenmal?‹ ›Nein‹, sagte Jesus, ›nicht siebenmal, sondern sieben mal siebzigmal.‹«

Jesus war der Zeuge der unendlichen Geduld Gottes. Er war nicht der Bote der Rachegewalt Gottes. Er will die Erneuerung durch Geduld und Güte.

Als Jesus gekreuzigt wird, betet er: »Vergib ihnen, denn sie wissen nicht, was sie tun.« (Lukas 23,34)

Damit wäre dieses »rekonstruierte« Gleichnis die Bestätigung dessen, was wir auch sonst aus Jesu Botschaft wissen: Der verborgene und scheinbar ferne Gott ist von unbegreiflicher Güte und Geduld. Er nimmt uns Menschen auch dann noch ernst, wenn wir ihn schon lange nicht mehr ernst nehmen. Wir mögen uns so verrückt und so störrisch anstellen, wie wir wollen, Gottes Geduld, Gottes langer Atem reicht weiter. Immer und immer wieder sucht er den Weg zu uns, tritt in unserem Leben auf, durch einen Boten nach dem anderen. Seine schlechten Erfahrungen mit uns können ihn nicht hindern, neue Versuche zu starten. Manchmal erinnert er uns so deutlich an Recht und Wahrheit, dass wir schon innere Gewalt anwenden müssen, um das stumm zu machen, was uns anrühren will; etwas in uns abzutöten, um es zum Schweigen zu bringen. Aber seine Bemühungen mit uns sind nicht an ein Ende gekommen. »Wiederum sandte er einen Boten …«

6. Das Abendmahl

Bevor wir uns der Frage zuwenden, was die vier Evangelisten in ihren Kreuzigungsberichten über den Opfertod Jesu zu erzählen wissen, müssen wir uns einem besonders schönen, interessanten, wichtigen, aber auch schwierigen Abschnitt zuwenden: dem Abendmahl.

Bevor die Evangelisten von der Gefangennahme und Hinrichtung Jesu erzählen, halten sie noch einmal an, holen gleichsam tief Luft und führen uns in einen Saal. Hier feiert Jesus mit seinen Jüngern, wie schon so oft anderswo, ein Mahl, allerdings ein besonderes, weil es das letzte ist: das sogenannte »Abendmahl«.

Wenn man heute nicht nur von »Abendmahl« redet, sondern auch von »Herrenmahl«, »Eucharistie« oder »Altarsakrament«, dann zeigt das schon an, dass es nicht ganz einfach ist, diese Feier richtig einzuordnen.

Die Worte Jesu bei dieser Feier werden uns als »Einsetzungsworte« zum Abendmahl der Kirche überliefert. Ich finde diese Einsetzungsworte besonders interessant, weil sie uns in verschiedenen Fassungen überliefert sind. Sie haben also eine Geschichte und Entwicklung hinter sich. Keine von ihnen gibt wahrscheinlich die wahren Worte Jesu wieder.

Langfristig hat man versucht, eine einheitliche Fassung für alle Gottesdienste zu finden. Aber dieser Einheitstext steht am Ende der Entwicklung, nicht am Anfang. Und der Trend zur einheitlichen Form der Einsetzungsworte, wie wir sie heute kennen, ist in der Bibel selbst noch nicht ans Ziel gekommen.

Manche sagen, dass man dieses Mahl nicht verstehen kann, ohne es in eine Verbindung zu bringen mit den Mahlzeiten, die Jesus »mit Zöllnern und Sündern« (Matthäus 9,11) gefeiert hat. Das waren Mahlfeiern ohne die emotionale Schwere mancher Abendmahlsfeiern von heute, denn darin feierten glückliche und befreite Menschen die Erfahrung, dass das Reich Gottes auch für sie Platz hat, die Sünder. Da blühte die

Freude, von der Jesus nicht nur, aber auch geredet hat. Ich denke hier an Gleichnisse, die in Sätzen münden wie: »Es wird Freude im Himmel sein vor den Engeln Gottes über einen Sünder, der zurückfindet zu Gott!« (Lukas 15,10) Wer so von der Freude der Engel im Himmel redet, kann dies nur, wenn er solche Freude auch auf Erden erlebt.

Eine lange kirchliche Tradition und Praxis des Abendmahls haben bei vielen Menschen ein ganz bestimmtes Verständnis vom Abendmahl herausgebildet. Viele sind sich sicher: Genau so, wie sie es kennen, ist die einzig richtige Form des Abendmahls. Andere haben das Gefühl, dass das Abendmahl, wie es ihre Gemeinde feiert, irgendwie nicht zum Evangelium Jesu passt.

Manche sind sich sicher in der Ansicht (die wiederum andere furchtbar finden), dass Jesus uns sein Fleisch zu essen und sein Blut zu trinken gegeben hat. Meine Meinung dazu ist kompromisslos einseitig: Die Vorstellung, Blut zu trinken, ist für einen Juden zur Zeit Jesu schlechthin undenkbar und frevelhaft. An mehreren Stellen der Bibel lässt sich nachlesen, dass Gott den Genuss von Blut verbietet (z. B. 3. Mose 17,11–14; 5. Mose 12,23–25; Apostelgeschichte 15,20). Ich bin mir ganz sicher, dass Jesus als Jude seiner Zeit niemandem je nahegelegt hat, das Trinken des Weins als Trinken seines Blutes zu verstehen. Es ist vielleicht das Präziseste, was wir unter historischen Aspekten zum Abendmahl sagen können: Jesus hat nie das Brot, das er zu essen gab, mit seinem Fleisch und nie den Wein, den er zu trinken gab, mit seinem Blut identifiziert.

Was ist der Sinn des Abendmahls? In unserem Glauben erfahren wir oft, dass wir für die Beschreibung wichtiger Inhalte nicht nur mit einem Bild, einem Begriff auskommen, mit dem alles genau bezeichnet ist. Das ist so, wenn wir von Gott reden. Auch wenn wir beschreiben wollen, wer Jesus war, sind wir auf ganz viele Bilder angewiesen. Die Bedeutung des Abendmahls lässt sich ebenfalls nicht mit einem Begriff beschreiben. Das ist kein Mangel an intellektueller Klarheit, sondern es ist Spiegelung der Tatsache, dass die Bedeutung des Abendmahls in tiefere und weitere Schichten führt, für die unsere Alltagssprache vielleicht nicht ausreicht. Jedenfalls gibt es mehrere Begriffe, mit denen das

Abendmahl in den biblischen Texten seinen Sinn bekommt. Nur: Das Essen von Fleisch und Trinken von Blut ist bei Jesus sicherlich nicht der Sinn des Abendmahls gewesen.

Ich wende mich zunächst dem Evangelisten Johannes zu, dem einzigen der vier Evangelisten, der das Abendmahl gar nicht erzählt. Das hat natürlich ein Rätselraten ausgelöst: Warum hat Johannes das Abendmahl nicht in sein Evangelium aufgenommen? Kannte er es nicht? Oder hat er es mit Absicht weggelassen?

Man darf vermuten, dass er ganz bewusst statt des Abendmahls die Geschichte erzählt, in der Jesus beim letzten Mahl seinen Jüngern die Füße wäscht (Johannes 13). Eigentlich ist das die Aufgabe von Sklaven und niedrigem Dienstpersonal, ankommenden Gästen vor dem Essen diesen Hygiene-Dienst zu leisten und ihre verstaubten Füße zu reinigen. In unserer Geschichte aber geschieht das Aufsehenerregende: Er, der Meister und Herr, Jesus, »der Chef selbst«, greift zur Waschschüssel, geht den Jüngern mit Wasser an die schmutzigen Füße und wäscht sie. Das ist diakonischer Dienst an den Jüngern (Diakonie – dia kone – heißt wörtlich »durch den Schmutz«).

Immer wieder überlegen Christen, ob es im christlichen Glauben nicht andere für Christus typische Zeichen und Symbole gibt als immer nur das Kreuz. Dies wäre eins: Die Waschschüssel als Symbol seiner dienenden Liebe. Jedenfalls wäre das eine johanneische Alternative zum Kreuz. Denn diese Fußwaschung ist symbolischer Liebesdienst, der zeigt, wer Jesus ist und wie die Jünger auch sein sollten. Johannes verzichtet darauf, Jesus eine sakramentale Feier wie ein Heiliges Abendmahl stiften zu lassen. Stattdessen stiftet er zum Liebesdienst an. (Johannes 13,15: »Ein Beispiel habe ich euch gegeben, damit ihr tut, wie ich euch getan habe.«)

Sühnopfer-Mahl zur Vergebung der Sünden? Viermal finden wir in der Bibel die Einsetzungsworte, weil neben Matthäus, Lukas und Johannes auch Paulus die Einsetzungsworte des Abendmahls aufgeschrieben hat. Welche der Worte die »echten« sind, also von Jesus gesprochen wurden, weiß niemand. Wahrscheinlich liegen die historischen Worte Jesu, die »echten« also, lange vor diesen Texten und sind in diesen durch ständigen Gebrauch veränderten Worten irgendwie »enthalten«.

Jetzt die Vorgeschichte dieser Texte herausarbeiten zu wollen, wäre eine sehr komplexe Arbeit und eher Aufgabe einer wissenschaftlichen Arbeit, die dieses Buch nicht sein will. Ich möchte Ihnen aber gerne an den vier Bibeltexten unmittelbar aufzeigen, dass in ihnen verschiedene Bedeutungen des Abendmahls angeboten werden.

Wir haben ja genau genommen acht Einsetzungsworte, nämlich vier Brotworte und vier Kelchworte. Erst wurde das Brot ausgeteilt. Dann gab es eine richtige Mahlzeit. Nach dem Essen reichte Jesus den Jüngern den Kelch (er nahm den Kelch »nach dem Mahl«; 1. Korinther 11,25). Die Worte waren ursprünglich weit voneinander getrennt. Darum darf man sie je für sich sehen und interpretieren. Natürlich gab es beim liturgischen Gebrauch die Neigung, die Texte zu verbessern und aneinander anzugleichen. Ein Gipfel- und Tiefpunkt dieser Angleichung der an sich getrennten Brot- und Kelchworte ist die Interpretation von »Brot und Wein« als »Fleisch und Blut«. Wie weit entfernt das hier noch ist, erkennt man daran, dass die Gegenüberstellung in den Bibeltexten noch nicht »Brot und Wein« ist, sondern »Brot und Kelch«. Vom Wein ist in den Einsetzungsworten gar nicht die Rede.

Nun ist es interessant, dass nur in einem dieser acht Texte überhaupt von Sünde geredet wird, nämlich beim Kelchwort im Matthäusevangelium. Weil aber ausgerechnet dieses Sünden-Wort in die gottesdienstlichen Einsetzungsworte aufgenommen wurde, hat sich das Abendmahl an vielen Stellen zu einer Sündenvergebungsfeier entwickelt. Diese Entwicklung führte früher dazu, dass eine Beichte der Mahlfeier vorgeschaltet wurde, eine Gottesdienstordnung, die heute nur noch selten praktiziert wird. Zwar wäre eine der Beichte ähnliche Handlung, sei es im Gottesdienst, sei es als Ohrenbeichte in der Seelsorge, gut für unsere Kirche und ihre Mitglieder. Aber als Schwelle und Vorbedingung vor dem Abendmahl hat sie der Feier einen falschen Anstrich gegeben.

Bei jedem Abendmahl werden die Worte aus dem Matthäusevangelium (26,27f.) gesprochen: »Und er nahm den Kelch und dankte, gab ihnen den und sprach: Trinket alle daraus; das ist mein Blut des Bundes, das vergossen wird für viele zur Vergebung der Sünden.«

Da hier nicht nur von Sünde und Vergebung, sondern auch von Blut die Rede ist, haben viele hier den Bezug zu einem Sühnopfertod Jesu gefunden. Es ist zwar bei den Exegeten umstritten, ob wirklich der Opfergedanke angesprochen ist und nicht einfach der Sinn des Neuen Bundes als messianisches Ereignis (Matthäus 14,25: »Ich werde vom Gewächs des Weinstocks nicht mehr trinken bis an den Tag, an dem ich aufs neue davon trinke im Reich Gottes.«) beschrieben wird, der durch den Tod Jesu gewissermaßen bekräftigt wird. Trotzdem gehen wir einfach einmal davon aus, hier sei tatsächlich der Opfergedanke vorhanden. Aber dann muss man zugestehen, dass nur eines der acht biblischen Einsetzungsworte diese Sicht des Abendmahls belegt, also nur 12,5%, mehr nicht. Es ist also nur ein kleiner Nebengedanke, dass Jesus ein Opfer für unsere Sünden war, aber er hat sich im Verlauf der Kirchengeschichte ganz in den Vordergrund geschoben.

Für euch Fünfmal findet man in den Abendmahlstexten die Formel »für euch«, »für viele«. Das ist für alle mit Sühnopferbrille vor den Augen ein deutlicher Beweis für den Opfertod Jesu. Ohne diese Brille würde man zunächst davon ausgehen, dass Jesus sagt, den Weg, der vor ihm liegt, mache er »für euch« und »für viele«. Ja, Jesus geht den Weg in den Tod um anderer willen, nämlich »für euch«. Er opfert sich selbst für sie, aber nicht im Sinn eines Sühnopfers, sondern so, wie eine Mutter sich für ihre Kinder aufopfert und ein Mensch sich für seine Freunde hingibt. Er opfert sich als Zeuge für die Wahrheit seiner Botschaft, für die er bis zum Tod einsteht: für euch und für viele. Er stirbt nicht als Sühnopfer, sondern als Wahrheitszeuge.

»Mein Leib für euch« (1. Korinther 11,24) würde ich ähnlich interpretieren. »Mein Leib«: Das ist meine ganze Existenz, mein ganzes Leben mit meiner Hingabe bis zum Tode. »Für euch«: Das ist für eure ganze Existenz, für euer ganzes Leben, nicht nur für eure Sünden. Jesus gibt den Jüngern nicht nur seinen Tod, sondern hat ihnen sein ganzes Leben gegeben.

Was aber sind andere biblische Erklärungen des Abendmahls? Wie darf man das Abendmahl mit gleichem und größerem Recht verstehen und feiern, wenn nicht als Sündenvergebungs-Opfermahl?

Ein Passahmahl Besonders wichtig ist, dass alle drei Evangelien das Abendmahl als Passahmahl verstehen. Das Passahfest ist eines der ganz großen jüdischen Feste.

Der eine Teil dieses Festes, das Schlachten des Tieres, geht vielleicht auf einen alten nomadischen Schutzritus zurück. Die Dämonen der Wüste sollen abgewehrt werden. Menschen haben ganz verschiedene Techniken entwickelt, sich vor den bösen Geistern zu schützen. In vielen Gegenden wehrt man die bösen Geister an der Pforte zum Neuen Jahr mit großem Lärm und wilder Knallerei ab. Bei Hochzeiten feiern manche einen Polter(!)abend, wo man mit Geschirr auf die bösen Geister wirft. Nomaden der Wüste nahmen Tierblut als Abwehrmittel. Man bestrich dazu die Türpfosten mit dem Blut, denn Blut hält das Böse fern.

Der andere Teil des Festes, ungesäuertes Brot zu essen, geht vielleicht auf ein bäuerliches Erntefest zurück, bei dem bis zur Säuerung des ersten neuen Mehls nur ungesäuertes Brot gegessen werden durfte.

Es ist typisch für das Volk Israel, diesen uralten Nomaden- und Bauernbräuchen einen heilsgeschichtlichen Sinn zu geben. Man verband die Feste mit der eigenen Glaubensgeschichte und gab ihnen dadurch eine neue große Bedeutung. Das Passahfest, in dem Blutritus und das Essen von ungesäuertem Brot zusammengeführt wurden, feierte man als Fest zur Erinnerung an den Auszug aus Ägypten. Das Feiern verband man mit der Geschichte von damals: Sie selbst erlebten den Auszug neu als ihren eigenen Auszug aus der Sklaverei in die Freiheit. Die alte Sage nahm sie mit in das alte Ägypten, wo Moses ihnen Freiheit bringen sollte. Aber der ägyptische Pharao wollte das von ihm unterdrückte Volk weiterhin als nützliches Sklavenvolk bei sich behalten. Nach neun erfolglosen ekelhaften Plagen als Drohungen Gottes kündet Gott den Ägyptern die Tötung der Erstgeborenen von Mensch und Tier an. Jede israelitische Familie sollte aber abends ein Tier schlachten und mit dessen Blut die Türpfosten bestreichen. Das Tier sollte dann zur Stärkung für die Strapazen der Flucht gebraten und vollständig verzehrt werden, weshalb die Juden bei ihrem späteren Passahfest das Passahlamm verzehrten. Die alte Sage erzählte, dass der Todesengel in derselben Nacht unter den Ägyptern ganze Arbeit leistete, aber an den markierten Türpfosten vorüberging (hebr. Passach »vorübergehen«). Der total verschreckte Pharao drängte jetzt die Israeliten zum eiligen Verlassen des Landes. Alles musste ganz schnell gehen. Es war keine Zeit, das Brot, das man mitnahm, ausreichend lang zu säuern. Daran erinnert der Brauch, während des Passahfestes nur ungesäuertes Brot zu essen, Mazzen, dünne, nur aus Mehl und Wasser hergestellte Fladenbrote. Die gesamte Herstellungszeit vom Anrühren des Teiges bis zum Backen durfte nur wenige Minuten dauern, damit der Teig auf keinen Fall säuerte. Darum hieß das Passahfest auch »Fest der ungesäuerten Brote«.

Zur Zeit Jesu wurde Passah als Wallfahrtsfest in Jerusalem gefeiert. Viele Menschen kamen in Jerusalem zusammen. Auch Jesus und seine Jünger gingen zum Passahfest nach Jerusalem.

Die Vorschrift, das Fleisch des im Tempelbereich geschächteten Tieres im Tempelvorhof gemeinsam zu braten und zu verzehren, wurde zur Zeit Jesu nicht mehr eingehalten. Man feierte im kleinen Kreis, in der Familie oder unter Freunden, so wie Jesus mit seinen Jüngern. Die Schächtung des Tieres am Passahfest wurde nicht als Sühnopfer verstanden. Es hatte damit überhaupt nichts zu tun.

Die Schächtung eines Tieres übrigens war nur ein Teil dieses Festes, offensichtlich so wenig zentral, dass die Juden nach der Zerstörung des Tempels von Jerusalem ihr Passahfest auch ohne das Passahlamm feiern konnten. Wichtig war die alte Geschichte. Jeder sollte sich so fühlen, als zöge er selbst aus der Sklaverei in die Freiheit. Diese Erinnerung sollte die Identität und den Zusammenhalt des Judentums, auch in aller Zerstreuung und Verfolgung, bewahren.

Die drei Evangelisten Matthäus, Markus und Lukas stellen das Abendmahl ganz ausdrücklich als ein Passahmahl dar. Das verwurzelt uns Christen bleibend in der jüdischen Tradition und läßt uns an der Leidensgeschichte und Befreiungshoffnung der Juden teilnehmen. Wer das Abendmahl unter dem Aspekt des Passah feiern will, kann diese Nähe zum Judentum nicht vergessen. »Freiheit und Aufbruch« könnten Stichworte für die so gestaltete Feier sein.

Paulus interpretiert es noch anders. Einmal gebraucht er kühn das Bild von Christus als »unserem Passahlamm [...], der geopfert ist«

(1. Korinther 5,7). Obwohl man vermuten kann, dass Paulus hier die Vorstellung eines Sühnopfers hat, benutzt er das Bild aber nicht, um den Sühnopfergedanken zu vertreten. Von den beiden Hauptteilen des Passahfestes, »Lamm« und »ungesäuertes Brot«, ist ihm hier nur das zweite wichtig. Er nutzt das Bild von ungesäuertem Teig zu einer kräftigen Mahnung an die Korinther: Sie sollen das Alte, den inzwischen gesäuerten Teig, den »Sauerteig der Bosheit und Schlechtigkeit« wegtun und den neuen, ungesäuerten Teig hervorholen, den »ungesäuerten Teig der Lauterkeit und Wahrheit«. (1. Korinther 5,6–8). Man kann vermuten, dass auch Paulus die Deutung des Abendmahls als Passahmahl nicht fremd ist.

Ein Gedächtnismahl Allen Abendmahlstexten gemeinsam ist die Interpretation als Gedächtnismahl: »Dies tut zu meinem Gedächtnis.« »Gedächtnis« bedeutet hier nicht nur etwas wie »daran denken«, sondern es bedeutet, sich der Gegenwart Jesu bewusst zu sein und sie zu feiern. So ist das Abendmahl das Fest der Gegenwart Jesu in seiner Gemeinde.

In der Zeit nach Ostern stellte man sich die Frage, die dringend eine Antwort brauchte: Wo eigentlich begegnen wir Jesus heute?

Die Legende von den zwei Jüngern auf dem Weg zurück nach Emmaus (Lukas 24,13–25) gibt zwei interessante Antworten.

Die beiden verlassen nach dem Tode Jesu enttäuscht und traurig Jerusalem, um wieder nach Hause zu ihrer Wohnung in Emmaus zu gehen. Da gesellt sich der auferstandene Christus unerkannt zu ihnen und spricht mit ihnen über Texte der Bibel und lehrt sie, von daher den Tod Jesu zu verstehen. Das ist die erste Antwort auf die Frage, wo man Jesus heute begegnet: Er ist unerkannt bei denen, die miteinander das Wort Gottes auslegen.

Dann kommen die drei in Emmaus an. Es will gerade Abend werden. Die beiden Jünger laden den unerkannten Christus zu sich ein. Und so wird die Geschichte weitererzählt: »als er mit ihnen zu Tische saß, nahm er das Brot, dankte, brach's und gab's ihnen. Da wurden ihre Augen geöffnet, und sie erkannten ihn. Und er verschwand vor ihren Augen (Lukas 24,30f.)«

Die Anspielung auf das Abendmahl mit dem Brotbrechen ist unverkennbar. Darum ist die zweite Antwort auf die Frage, wo man Jesus begegnet: Er ist unerkannt gegenwärtig, wo wir »das Brot brechen«, also das Abendmahl feiern. (Lukas 24,13–25)

Die evangelischen Reformatoren, Luther auf der einen, Zwingli und Calvin auf der anderen Seite, hatten sich schon immer darin verstanden, dass in der Predigt des Wortes Gottes Jesus Christus gegenwärtig ist. Aber sie waren darüber zerstritten, wie die Präsenz des Christus in diesem Gedächtnismahl zu verstehen sei.

In unseren Tagen ist nun der Anfang zu einer Verständigung aufgrund theologischer Forschung möglich geworden. Es ist ein krasser Bruch mit der alten Tradition. Beim Abendmahl soll nicht die Anwesenheit Jesu im Brot (gar als Fleisch!) oder im Wein (gar als Blut!) behauptet werden. Vielmehr werden wir eingeladen, an die Gegenwart Christi zu glauben (Personalpräsenz), wenn wir das Brot und den Kelch teilen. 1973 haben sich die Lutheraner und Reformierten in der sogenannten Leuenberger Konkordie darauf geeinigt. Das ist ein wichtiger und bedeutender Schritt in Richtung auf das Verständnis des Abendmahls als »Gedächtnismahl«, als Mahl der Gegenwart Christi.

Ein endzeitliches (eschatologisches) Mahl Überall ist das Abendmahl auch als ein endzeitliches Mahl (im Theologendeutsch: »eschatologisches Mahl«) verstanden, das »den Tod Jesu verkündet, bis dass er wiederkommt« (Paulus in 1. Korinther 11,26). Hier ist mit »Tod« schlicht das Sterben, nicht aber ein Sühnetod gemeint. Oder: »Ich werde von diesem Wein nicht mehr trinken, bis ich es trinken werde im Reich Gottes« (Matthäus 26,29; Markus 14,25; Lukas 22,18). Das Abendmahl ist das Mahl der Freude in der Hoffnung auf sein Wiederkommen und die Errichtung des Reiches Gottes. Das klingt in unseren Ohren abstrakt. Aber wenn die Juden von dem Reich Gottes sprachen, fiel ihnen ganz viel Erfreuliches ein, eine grundlegende Besserung, ein Ende von Ungerechtigkeit, Leid, Krieg und Hunger.

Die Sehnsucht nach etwas Schönem gibt Kraft, sich schon jetzt für dieses Schöne einzusetzen. Wer sich auf eine Welt ohne Tränen freut, wird schon jetzt Leid verhindern und Tränen trocknen wollen. Wer sich auf eine Welt des Schalom Gottes freut, wird schon jetzt am Schalom arbeiten.

Dass die Ordnungen dieser Welt nur vorläufig und allemal als verbesserungswürdig einzuschätzen sind, daran erinnert dieses Mahl. In welcher Richtung sie verbessert werden könnten, darüber werden die Teilnehmer an einem Abendmahl Jesu Christi ohne Schwierigkeiten klare Vorstellungen entwickeln können. Es geht um den Schalom Gottes, für den in den letzten Jahrzehnten eine gute Formel gebraucht wurde: Jetzt schon für Gerechtigkeit, Frieden und Bewahrung der Schöpfung arbeiten.

Fest des Neuen Bundes Alle verstehen das Abendmahl als Fest des Neuen Bundes. Damals, am Berg Sinai, bekam Israel von Gott die Tora, die Zehn Gebote, das Gesetz geschenkt. Bei dieser Gelegenheit wurde ein Bund zwischen Gott und dem Volk geschlossen. Dabei spielte Blut ein Rolle, allerdings nicht als Sühnopfer.

Moses nahm das Blut von bereits geopferten Tieren. Die Hälfte des Bluts sprengte er an einen Altar, sozusagen als Verbindung zu Gott. Dann las er laut vor dem Volk das Gesetz vor, das Buch des Bundes. »Und sie sprachen: Alles, was der Herr gesagt hat, wollen wir tun und darauf hören. Da nahm Moses das Blut und sprengte das Volk damit und sprach: Seht, das ist das Blut des Bundes, den der Herr mit euch geschlossen hat.« (2. Mose 24,6–8) Das ist ein Blutritus, der diesen Bund ratifiziert, gültig macht wie bei heutigen Verträgen die Unterschrift.

Von solchem Bundesschluss mit dem »Blut des Bundes« ist beim Abendmahl die Rede. Das Abendmahl ist also das Fest eines neuen Bundes, der gleichsam auch mit Blut, diesmal durch Jesu Blut, ratifiziert ist. Es ist ein »Neuer Bund«, nicht weil er den alten Bund mit Israel aufhebt oder ersetzt, sondern weil er sich für neue Menschen öffnet, »für euch« (Lukas 22,29; Paulus in 1. Korinther 11,24) und »für die vielen« (Matthäus 26,28; Markus 14,24).

Damit sind eindeutig auch die Nichtjuden gemeint. Bei diesem Bund geht es um Öffnung. Wie verträgt sich das mit der kirchlichen Praxis, gerade die Feier dieses Bundes für »die vielen« so nach außen hin abzugrenzen statt zu öffnen? Bei manchen wird das Abendmahl als eine Feier verstanden, wo man Menschen (zum Beispiel aus anderen Konfessionen) ausschließen kann, obwohl es um einen Bund geht, zu dem alle eingeladen werden. Hier gibt es in meinen Augen eine große Spannung zwischen kirchlicher Praxis und eigentlichem Sinn.

Ich sollte darauf hinweisen, dass bei Jesus der Begriff »Bund« sonst nicht vorkommt. Dass wir »Heiden«, wir Nichtjuden, in den Bund Gottes mit Israel hineingenommen wurden, ist eine spätere Interpretation. Diese Interpretation ist insofern gefährlich, als sie die Tendenz hat, den alten Bund für ungültig zu erklären zugunsten des Neuen Bundes. So haben Christen der Versuchung nicht widerstanden, die Juden aus dem Bund Gottes mit den Menschen herauszudrängen und sich an ihre Stelle zu setzen.

Leib Christi Eine besondere Interpretation des Abendmahls verdanken wir Paulus. Die gemeinsame Feier des Mahls schließt die Menschen zu einem »Leib Christi« zusammen (1. Korinther 10,16f.). Insofern sollten wir das Abendmahls so feiern, dass wir dabei nicht vereinzelt werden, sondern es als Mahl der Gemeinschaft erleben. Manche Gemeinden feiern es so, dass die Teilnehmer sich im Kreis aufstellen oder gar an einem Tisch sitzen, oft auch sich die Hände zu einem Schlusssegen reichen. Wir feiern nicht als Einzelne, sondern als Gemeinschaft, als »Leib Christi mit vielen Gliedern«.

Der folgende schöne Text aus der »Didache« um 100 n. Chr. liest sich wie eine Veranschaulichung des Gedankens vom Leib Christi: »Wie dies gebrochene Brot zerstreut war auf den Bergen und zusammengebracht eins wurde, so werde deine Kirche zusammengebracht von den Enden der Erde in dein Reich.«

Wir haben uns nicht mit der Vorgeschichte der Abendmahlstexte beschäftigt, sondern sie so gelesen, wie sie in ihrer Verschiedenheit in der Bibel zu finden sind. Dabei haben wir beim einfachen Nachlesen festgestellt, dass es vielfältige Weisen gibt, das Abendmahl zu verstehen und zu feiern.

Die Opfervorstellung fehlt möglicherweise nicht. Aber dann ist sie eine unter mehreren und keine besonders hervorgehobene Deutung.

Sie ist im Verlauf der Jahrhunderte in den Vordergrund gerückt. Jedes Bild hinkt – auch das Bild, das den Tod Jesu als Sühnopfer darstellt. Das empfinden viele heute stärker als frühere Menschen. Darum verzichten viele darauf, das Abendmahl als Sühnopfermahl zu deuten. Sie meinen, dass der Sühnopfergedanke in der Hierarchie der Deutungen seinen gebührenden Platz auf einer hinteren Position bekommen sollte.

Sie glauben, dem Sinn des Abendmahls in der Bibel gerechter zu werden, wenn sie es vor allem als Feier der Gegenwart Christi in seiner Gemeinde (»Gedächtnismahl«) begehen oder darin den Neuen Bund feiern, den Jesus mit seinem Leben bis hin zum Sterben für alle geöffnet hat.

Manche gestalten das Abendmahl mit Elementen des Passahmahls. Manche betonen den Gemeinschaftsgedanken als Leib Christi, manche treffen sich beim Mahl als Gemeinde, die sich auf die neue Welt Gottes freut und darum Verantwortung für die Erneuerung der Alten Welt übernimmt.

Wie auch immer: Es gibt viel Freiheit, beim Abendmahl unterschiedliche Akzente zu setzen. Man muss nicht wie ein Bilderstürmer alle alten Liturgien zerschlagen, aber man darf auch nicht von Gemeinden geäußerte Änderungswünsche abwürgen. Man sollte jetzt beginnen, behutsam zu ändern, langsam und mit vielen Erläuterungen. Das wäre ein aussichtsreicher Versuch, die Freude am Abendmahl neu zu entdecken.

7. Lektüre einzelner Bibelstellen ohne »Opfertod-Brille«

Wie kommt es nur, dass auch ich vor sehr vielen Jahren meinte, dass in den Evangelien ständig vom Sühnopfertod geredet wird? Die Erklärung ist einfach: Ich habe die Texte mit der festen Überzeugung gelesen, dass überall an den Sühnopfertod Jesu gedacht wird. Und dann habe ich das auch an vielen Stellen bestätigt gefunden.

So hatte ich meine Opfertod-Brille auf der Nase und habe darum überall den Opfertod gesehen und geglaubt, es müsse die zentrale Botschaft der Evangelien und der ganzen Bibel sein, dass Jesus für unsere Sünden am Kreuz geopfert wurde. Erst durch die Lektüre verschiedener Bücher wurde ich angeregt, es doch einmal ohne diese Brille zu versuchen. Und tatsächlich: Auf einmal sah vieles ganz anders aus.

Ich will im Folgenden einige der Bibelstellen aus den Evangelien herausgreifen, die ich heute anders verstehe als früher.

»Siehe, das ist das Lamm Gottes, das der Welt Sünde wegträgt« So steht es in Johannes 1,29. Wird hier Jesus nicht als das Opferlamm bezeichnet, das für unsere Sünden am Kreuz geopfert wird? So verstand ich das damals. So lesen es viele noch heute. Und mancher wissenschaftliche Kommentar stützt diese Ansicht.

Es würde zwar der Argumentationslinie dieses Buches nicht schaden, wenn hier tatsächlich vom Opfertod Jesu am Kreuz die Rede wäre. Denn warum soll es unter den unzähligen Versen der Evangelien nicht auch ein paar Verse geben, die diese Ansicht vom Tod Jesu vertreten? Wenn man nur nicht vergisst, dass es viele weitere Bilder und Deutungen für das Heil, das Jesus bringt, gibt! Wenn man nur unter keinen Umständen wegen dieser paar Verse die Opferlehre zur Zentrallehre der Bibel macht!

Es gab eine jährliche große Sühnefeier im Tempel von Jerusalem (3. Mose 16,21f.), den großen Versöhnungstag. Dazu gehörte unter anderem folgendes Ritual: Der Priester nahm einen Ziegenbock. Das Tier war kein besonderes Tier, es war fast nach dem Gesetz des Zufalls aus einer Herde herausgegriffen worden. Diesem Tier legte der Priester die Hände auf und übertrug ihm damit die Sünde des Volks. Das war keine bloß symbolische Handlung, denn in der magisch denkenden Welt damals sah man das als ganz realen Vorgang: Sünde wurde wie ein Gegenstand auf ein Tier übertragen. Dann wurde dieser Bock in die Wüste gebracht. Er musste die Sünden wegbringen in die Unwirtlichkeit der Wüste. Was dabei aus dem Tier wurde, war egal.

(Übrigens stammen die Ausdrücke »jemanden zum Sündenbock machen« und »jemanden in die Wüste schicken« aus diesem uralten Ritual.)

Diese kultische Handlung konnten die Christen gut gebrauchen als Gleichnis für eine völlig unkultische Tätigkeit Jesu: Sünden zu vergeben und so wegzunehmen. War Jesus, indem er Sünden vergab, nicht lebenslang auch ein Sündenwegbringer? So entstand der Ausdruck: »das Lamm Gottes, das der Welt Sünden wegträgt.« Mit der Sühnopfertötung am Kreuz hat das nichts zu tun.

»Also hat Gott die Welt geliebt, dass er seinen [...] Sohn gab« Bei diesem Satz aus Johannes 3,16 habe ich immer daran gedacht: Gott gibt und opfert seinen Sohn aus großer Liebe am Kreuz. Für mich war dies eine der wichtigsten Belegstellen für die Hingabe des Sohnes in den Tod durch den liebenden Vater – bis ich die Brille abnahm.

Und ich sah: Hier wird ja gar nicht speziell vom Tod Jesu geredet. Gott gab Jesus zunächst nicht in den Tod, sondern in das Leben hinein, damit die Menschen durch ihn glauben lernen, in ihm das Licht der Welt erkennen. Jesus in seinem ganzen Leben ist die Gabe Gottes. Bei Johannes heißt es einmal: »Wer Jesus sieht, der sieht den Vater.« (Johannes 14,9)

Dazu hat Gott Jesus in dieses Leben gegeben, dass wir in ihm den Vater sehen. Ihn ansehen, darauf kommt es an: Er ist das Licht, die Wahrheit, die Tür, der gute Hirte und wie die vielen Bilder bei Johannes heißen, die beschreiben, als was Jesus den Menschen erscheinen wollte und auch erschienen ist.

Bei Johannes entdeckt der das Heil, der Jesus ansieht und in seinem Leben Gottes Herrlichkeit erkennt. Wer so Jesus sieht, der hat bleibendes, ewiges Leben schon jetzt.

Das ist der Hintergrund für eine besonders merkwürdige Interpretation des Kreuzes Jesu. Das Kreuz bedeutet für Johannes, dass Jesus zum Anschauen erhöht worden ist. Dafür findet er eine alte Geschichte als Vergleich.

Das Volk Israel litt auf seiner Wanderung durch die Wüste einmal unter einer furchtbaren Schlangenplage. Da befestigte Moses eine Metallschlange hoch an einem Pfahl. So konnte diese Schlange von überall her gesehen werden, und jeder, der diese Schlange ansah, wurde vor den Schlangen gerettet. In Bilderbibeln früherer Tage hatte dieser Pfahl die Gestalt des Kreuzes. »Das Kreuz rettet«, war die Botschaft. Aber die Schlange am Pfahl war kein Opfertier, geopfert für die Sünden der Welt – so wenig, wie Jesus das war. Sie war an einem Pfahl hoch angebracht, damit jeder sie ansehen konnte. So wie nach Meinung des Johannes alles darauf ankommt, Jesus zu sehen und zu erkennen. Wer ihn sieht, der sieht den Vater. Wie die Schlange ist Jesus am Kreuz erhöht, damit man ihn wahrnimmt. Das ist eine eigenwillige Deutung des Kreuzes Jesu. (Johannes 3,14f.; 4. Mose 21,8f.) Der Sühnopfergedanke ist weit davon entfernt.

»Ich bin der gute Hirte. Der gute Hirte lässt sein Leben für die Schafe.« Diesen Satz aus Johannes 10,11 habe ich früher so gedeutet: Jesus ist der gute Hirte, weil er für die Schafe stirbt, sein Leben in den Tod gibt, natürlich für unsere Sünden. Jesus ist der gute Hirte, weil er sich den Wölfen entgegengeworfen hat, die ihn dann allerdings getötet haben. Das hat zwar genau genommen auch nichts mit Sühnopfer zu tun. Im Gegenteil: Es würde den Tod Jesu erklären als ein Scheitern an seinen Feinden, die ihn umbringen. Aber das ist eine Folge davon, dass wir durch die Sühnopferbrille blicken. Sofort denken wir an den Tod, wenn es heißt, »Er lässt sein Leben« oder »Tod für unsere Sünden«. Aber das ist, wie ich heute weiß, nicht gemeint.

»Er lässt sein Leben« bedeutet: Er stellt seine Lebenskraft in den Dienst für seine Herde. Er kämpft gegen die Wölfe, wo die »Mietlinge«

(Johannes 10,12), die angestellten Hilfshirten, längst aus Angst das Weite gesucht haben. An den Tod Jesu ist hier nicht gedacht. Das wäre ja auch ziemlich komisch, einen Hirten deswegen als guten Hirten zu bezeichnen, weil er den Wölfen unterliegt statt im Kampf mit ihnen die Herde zu schützen. Für Johannes ist Jesus der gute Hirte, weil er sich für seine Herde einsetzt und weil er andere in dieser Welt zerstreute Schafe Gottes aufsucht. (Johannes 10,16f.: »Ich habe noch andere Schafe, die sind nicht aus diesem Stall; auch sie muss ich herführen«)

»Niemand hat größere Liebe als die, dass er sein Leben lässt für seine Freunde« Bei diesem Wort (Johannes 15,13) bin ich in die gleiche Falle getappt. Auch hier habe ich lernen müssen, dass die Wendung »sein Leben lassen« nicht meint, »sein Leben in den Tod geben«, sondern »seine Lebenskraft einsetzen« für die Freunde.

Natürlich habe ich früher gleich an den Opfertod gedacht, in den Jesus sich gibt, um uns von unseren Sünden zu erlösen. Ich hätte an die Liebe denken sollen, die der Motor seines Lebens war und die Kraft seiner Zuwendung zu den Menschen, vor allem zu den Armen und Kranken, den Traurigen und Hoffnungslosen. Aber weil alle diesen Text verstanden haben als Hinweis auf das Sterben Jesu, wurde er besonders beim frommen Gedenken am »Heldengedenktag« früherer Jahre immer wieder zur Ehre der gefallenen Soldaten zitiert. Sicher haben Sie schon Gedenktafeln zur Erinnerung an die, die im Krieg ihr Leben »gelassen« haben, gesehen, über denen genau dieser Satz stand.

Untersuchungen über die Kriegspredigten im 1. Weltkrieg zeigen, dass dieses Jesuswort als Ermutigung zum Kämpfen gebraucht wurde. Wer im Krieg kämpft und sein Leben verliert, der beweist die größte Liebe. Wie Jesus sein Leben in den Tod gab und doch durch die Auferstehung alles wiedergewann, so wird auch der tapfere Krieger auf den Spuren Jesu belohnt werden. Von hier ist es nicht weit zu dem damals oft geäußerten Satz, dass, wer so in den Krieg zieht, Jesu Liebe nacheifert.

Es ist eine verhängnisvolle und traurige Geschichte eines Missverständnisses. Zunächst war das Wort als Beschreibung des Lebens Jesu gemeint, das er ganz für seine Freunde einsetzt. Dann wurde es missverstanden und zu einem Wort, das Jesu Opfertod beschreibt. Schließlich wird der Opfertod, in den die Soldaten im Krieg geschickt werden, mit dem Glanz der Liebe verklärt, mit der Jesus den Tod gesucht haben soll. Damit wurde aus einem Wort, das uns auf Jesu Leben für uns Menschen hinweist, ein Wort, das junge Menschen in den Kriegstod schickte.

Mit der Sühnopferbrille auf der Nase liest man viele Stellen falsch. Zwar findet man dann die Sühnopfervorstellung bestätigt. Aber besser ist es, wenn man die Sühnopferbrille absetzt mit der Folge, nun klarer zu sehen. Natürlich muss hier der Verdacht aufkommen, auch ich sähe alles durch die Brille meiner vorgefassten Meinung. Darum bin ich auch an der Diskussion meiner Sicht der Dinge sehr interessiert, denn nur so lässt sich für mich allmählich klarstellen, was richtig gesehen ist und was nicht.

8. Kreuzigung und Tod

Wir haben festgestellt, dass Jesus sein Leben nicht als bloßes Vorspiel für das Ziel angesehen hat, als Opfer für die Sünden der Menschen zu sterben. Im Gegenteil: Jesus wollte nicht sterben. Der Tod war nicht sein Lebensziel. Das gilt, obwohl er sich den Märtyrer-Tod aufzwingen ließ.

Doch überprüfen wir nun das Ergebnis, indem wir uns den vier Kreuzigungsberichten in den Evangelien zuwenden. Die Evangelisten sind ja mehr als alle anderen Schriftsteller der Bibel »Fachleute« für den Kreuzestod Jesu. Nur sie haben so ausführlich darüber geschrieben. Wenn überhaupt, muss dann nicht hier Jesu Tod als das Sühnopfer für unsere Sünden beschrieben sein?

a) »Gestorben nach der Schrift« Im 1. Korintherbrief (15,3) schreibt Paulus, Jesus sei »gestorben [...] nach der Schrift«, also in Übereinstimmung mit der Heiligen Schrift der Juden, dem Alten Testament. Ähnliche Äußerungen können wir auch an anderen Stellen finden.

Wie haben wir das zu verstehen? Hat Jesus sich vor seinem Weg zum Kreuzestod irgendwo an der »Schrift« orientiert, dieses Buch vorher als Ratgeber zum Sterben als Opfer für unsere Sünden gelesen, als Wegweiser für seinen Todesweg benutzt? Oder haben Christen hinterher herausgefunden, dass es eine Beziehung zwischen der Heiligen Schrift und dem Sterben Jesu gibt?

Ich neige zu Letzterem. Nach dem Tod lasen die Christen die Heilige Schrift anders, mit einem anderen Wissen. Sie stießen auf Bezüge und Hinweise, die sie vor Jesu Tod so nie gefunden hätten. Das lässt sich in den Kreuzigungsberichten der Evangelisten gut nachweisen.

Die Psalmen Die ersten Christen als fromme Juden liebten und lasen die heiligen Schriften. Besonders bekannt und populär waren bei ihnen die Psalmen. Ihre Vielfalt vom Danklied bis zum Bußgesang, vom

Rachepsalm bis zum Bittgebet hielt für alle Lebenslagen Gebete bereit. Und nun, nach dem Tode Jesu, finden sie auch Psalmen, die auf den Kreuzestod Jesu »passen«, Psalmlieder »des leidenden Gerechten«, wie man diese Gruppe von Psalmen oft nennt. Gerade diese Psalmen halfen den Christen in Worte zu fassen, was sich auf Golgatha ereignet hatte. Ich will es am Beispiel des 22. Psalms aufzeigen. Darin fanden sie Parallelen und Analogien. Es ging meist nicht um eine Art Schriftbeweis nach dem Motto, was die Bibel voraussagt, wird hier erfüllt, sondern es ging um die erstaunte Feststellung von Ähnlichkeiten und Bezügen.

Psalm 22	*Passionsgeschichte*
2. Mein Gott, mein Gott, warum hast du mich verlassen?	Matthäus 27,46: »Um die neunte Stunde schrie Jesus laut auf: ›Mein Gott, mein Gott,warum hast du mich verlassen?‹«
7f. Ich bin […] ein Spott der Leute und verachtet vom Volk. Alle, die mich sehen, verspotten mich.	Markus 15,29–30: »Die Vorübergehenden lästerten ihn […] Ebenso spotteten auch die Hohenpriester samt den Schriftgelehrten untereinander …«
9. Er klage es dem Herrn, der helfe ihm heraus und rette ihn, hat er Gefallen an ihm.	Matthäus 27,43: »Er hat Gott vertraut, der helfe ihm jetzt heraus, wenn er ihn liebhat.«
17. Sie haben meine Hände und Füße durchgraben.	Lukas 24,39 (nach der Auferstehung): »Sehet meine Hände und meine Füße, dass ich es selbst bin.«
19. Sie teilen meine Kleider unter sich und werfen das Los um mein Gewand.	Johannes 19,24: »Da sagten sie zueinander: ›Lasset uns ihn nicht zerteilen, sondern darum losen,wem er gehören soll!‹« So sollte die Schrift erfüllt werden, die sagt: »Sie haben meine Kleider unter sich geteilt und haben über mein Gewand das Los geworfen.«

Man darf vermuten, dass es eine Bewegung hin und her gab, in beide Richtungen: In dem Psalm erkannten die Christen das Leiden

Jesu wieder. Aber umgekehrt prägten diese Psalmen als gleichsam erste Kreuzigungserzählungen die Vorstellung von den Ereignissen am Karfreitag. Es galt in beide Richtungen: »nach der Schrift«.

Erneut sei hier der Hinweis erlaubt, dass die Schriftzitate und -hinweise keinerlei Versuch unternehmen, das Sterben Jesu als stellvertretendes Leiden oder als Versöhnungstod zu deuten.

(Weiter unten werden wir sehen, dass das auch von Jesaja 53 gilt, einem Text, der bis heute immer wieder herangezogen wird, um die Deutung des Todes Jesu als stellvertretendes Leiden aus dem Alten Testament herzuleiten.)

Warum Jesus gleichzeitig auf zwei Eseln reitet Vor langer Zeit hörte ich in Heidelberg bei Professor Günter Bornkamm in der Alten Aula die neutestamentlichen Vorlesungen. Unvergesslich der Moment, als er uns ansprach: »Wie ist Jesus in Jerusalem eingezogen?« Unsere Antwort war schnell gegeben: »Auf einem Esel reitend.« »Wirklich?«, fragte er zurück. Und dann ließ er uns die Bibel aufschlagen (Matthäus 21,2ff.). »Jesus sprach zu den Jüngern: Geht hin in das Dorf, das vor euch liegt, und gleich werdet ihr eine Eselin angebunden finden und ein Füllen bei ihr; bindet sie los und führt sie zu mir. Die Jünger gingen hin und taten, wie Jesus ihnen befohlen hatte und brachten die Eselin und das Füllen und legten ihre Kleider darauf, und er setzte sich darauf.«

Tatsächlich, Jesus reitet bei den anderen Evangelien nur auf einem Tier. Allein Matthäus mutet Jesus die Unbequemlichkeit zu, auf zwei Tieren zu reiten. Warum? Weil für Matthäus die Beziehung zum Alten Testament besonders wichtig ist. Und da hatte er den Text gefunden, in dem (scheinbar!) von zwei Tieren die Rede ist:

»Sagt der Tochter Zion, siehe dein König kommt zu dir und reitet auf einem Esel und auf einem Füllen, dem Jungen eines Lasttieres.« (Sacharja 9,9)

Matthäus hat dabei übersehen, dass es damals oft praktizierter poetischer Stil war, eine Sache mit zwei Sätzen zu umschreiben. So meinte Sacharja natürlich auch nur ein Reittier. Aber Matthäus folgt wortgetreu der Schrift und so reitet bei ihm Jesus auf zwei Tieren in Jerusalem ein. Denn davon war er überzeugt: Dieser Weg Jesu ist ein Weg gemäß den Worten der Heiligen Schrift.

Der nackte Mann, der den Mantel verlor Eine unbedeutende Begebenheit erzählt nur der Evangelist Markus:

Als Jesus in dunkler Nacht im Garten Gethsemane um Kraft betet, da kommen Männer mit Schwertern und Stangen, die den Auftrag haben, Jesus zu verhaften. Als die Jünger schon geflohen waren, um sich zu retten, ist da noch ein unbekannter junger Mann, »der war mit einem Leinengewand bekleidet auf der bloßen Haut; und sie griffen nach ihm. Er aber ließ das Gewand fahren und floh nackt davon.« (Markus 14,51f.) Wollte Markus damit einen Augenzeugen benennen? Einen, der als Zeitzeuge die Verhaftungsumstände bezeugen kann?

Ich denke, es gibt einen anderen Grund. Auch diese kleine Episode geschah, »auf dass die Schrift erfüllt wurde«. Denn beim Propheten Amos kann man lesen: »Auch wer unter den Helden ein tapferes Herz hat, flieht nackt an jenem Tag, spricht der Herr« (Amos 2,16). Wir sehen hier wie an vielen Stellen, dass die Beziehung der Schrift zum Bericht der Evangelien sehr ernst genommen wurde.

»Fürwahr, er trug unsere Krankheit ...« »Wie, das steht im *Alten* Testament?«, reagieren Chorsänger oft überrascht, wenn sie einen der schönen Chorsätze zu dem Text aus Jesaja 53 gesungen haben. Er klingt wie aus dem Neuen Testament:

»Fürwahr, er trug unsere Krankheit und lud auf sich unsere Schmerzen [...] Die Strafe liegt auf ihm, auf dass wir Frieden hätten und durch seine Wunden sind wir geheilt [...]« Viele kennen die Worte auch aus der Karfreitagsliturgie. Sie scheinen genau auf die Vorstellung vom Opfertod Jesu zu passen. Sie gelten als der alttestamentlich Beleg schlechthin. Jesaja habe die Deutung des Todes Jesu im Neuen Testament als Opfertod stark mitbestimmt. Von Jesaja aus habe der im AltenTestament einzigartige Gedanke des stellvertretenden Leidens seinen Weg zum Neuen Testament gefunden, so scheint es.

Aber sehen wir uns das im Einzelnen an. Zuerst der Text Jesaja 53 in Auswahl:

»Da war keine Gestalt, die uns gefallen hätte. Er war der Allerverachtetste und Unwerteste, voller Schmerzen und Krankheit. Er war so verachtet, dass man das Angesicht vor ihm verbarg; darum haben wir ihn für nichts geachtet. Fürwahr, er trug unsere Krankheit und lud auf sich unsere Schmerzen. Wir hielten ihn für den, der von Gott geschlagen und gemartert wäre. Aber er ist um unserer Missetat willen verwundet und um unserer Sünde willen zerschlagen. Die Strafe liegt auf ihm, auf dass wir Frieden hätten und durch seine Wunden sind wir geheilt [...] Als er gemartert ward, litt er willig und tat seinen Mund nicht auf wie ein Lamm, das zur Schlachtbank geführt wird; und wie ein Schaf, das verstummt vor seinem Scherer, tat er seinen Mund nicht auf [...] Und man gab ihm sein Grab bei Gottlosen und Übeltätern, als er gestorben war.« (Jesaja 53,2–7)

Sätze aus diesem Text werden im Neuen Testament mehrfach zitiert, wenn auch nicht so oft, wie manche Ausleger meinen. Ganz offensichtlich ist Jesaja 53 so gelesen worden, als ob hier von Jesus die Rede wäre. Bis heute wird in Teilen dieses Liedes eine Beschreibung Jesu gefunden. Dabei hat der alttestamentliche Text nicht in die Zukunft geguckt: Er redet nicht von etwas, das erst geschehen wird. Er blickt vielmehr zurück auf ein vergangenes Geschehen, redet in der Vergangenheitsform: »Er trug unsere Krankheit ...«. Nach meiner Ansicht meint er einen konkreten Menschen, einen etwas geheimnisvollen »Gottesknecht«, von dem schon vorher die Rede ist. (»Gottesknechtlieder«: Jesaja 42,1–4; 49,1–6; 50,4–9; 52,13–53,12). Während dieser »Gottesknecht« zur Zeit der anderen Lieder noch lebt, ist er hier bereits gestorben. In dem Lied Jesaja 53 blickt eine Gruppe von Menschen (»wir«: Wer ist das?) zurück, weil der Gottesknecht »unseretwegen« gestorben ist. Im Rückblick gestehen sie ihre Fehler ein, dass sie ihn falsch beurteilt und verachtet und misshandelt haben.

Obwohl der Text eindeutig zurückschaut auf einen gestorbenen »Gottesknecht«, bleiben die meisten dabei, dieses Lied verweise auf die Zukunft, von Jesus sei hier die Rede als dem für uns Geopferten. Jedenfalls sehe es so das Neue Testament und zitiere darum den Text so oft in diesem Sinn. Aber stimmt das? Ich bezweifle das aus folgenden Gründen:

1. Ich stelle fest, dass Jesaja 53 viel seltener im Neuen Testament zitiert wird, als das oft behauptet wird. Wo Jesaja 53 zitiert wird, spielt der Gedanke des stellvertretenden Leidens keine Rolle.
2. Ich habe die Vermutung, dass möglicherweise schon bei Jesaja überhaupt nicht von einem stellvertretenden Sühneleiden die Rede ist. Aber in diesem Punkt bin ich mir meiner Auslegung nicht so sicher.

Zu 1. Zur Klärung der Frage, ob Jesaja 53 als alttestamentlicher Beleg für das stellvertretende Leiden Jesu im Neuen Testament zitiert wird, sehen wir bei den bekanntesten Stellen im Neuen Testament nach.

Ich beginne mit der Geschichte vom »Kämmerer aus dem Morgenland« (Apostelgeschichte 8,26ff.). Der reiche Finanzminister aus Äthiopien zeigt Interesse am jüdischen Glauben, ist nach Jerusalem gereist und hat sich dort eine Schriftrolle mit dem Text des Propheten Jesaja gekauft. Nun ist er auf dem Rückweg. Auf der Fahrt liest er in dem Buch. Er hat gerade Jesaja 53 aufgeschlagen. Der Apostel Philippus kommt – vom Geist Gottes geleitet – zu ihm in den Reisewagen und erklärt ihm die Schrift. Er sagt, dass Jesaja 53 von einem leidenden Knecht Gottes handele, und damit sei Jesus gemeint.

Aber Philippus sagt interessanterweise nicht, was unsere Freunde der Opfertheologie gefreut hätte: Hier ist von Jesus die Rede, der wie der Gottesknecht für unsere Sünden gelitten hat, starb und stellvertretend unsere Sünden auf sich geladen hat. Wenn Jesaja 53 die Kernstelle ist, aus der das Neue Testament den Gedanken des stellvertretenden Leidens übernommen hat, hätte Philippus doch zitieren müssen: »Aber er ist um unserer Missetat willen verwundet und um unserer Sünde willen zerschlagen. Die Strafe liegt auf ihm, auf dass wir Frieden hätten.« Nein, er verweist auf eine andere Stelle, eine andere Gemeinsamkeit des Mannes aus Jesaja 53 mit Jesus: »Wie ein Schaf, das zur Schlachtung geführt wird, und wie ein Lamm, das vor seinem Scherer verstummt, so tut er seinen Mund nicht auf« (Apostelgeschichte 8,32).

Eine andere Stelle: Matthäus, der bekanntlich besonders sorgfältig den Bezug zum Alten Testament herstellt, zitiert einmal wortwörtlich aus Jesaja 53: »Er hat unsere Schwachheit auf sich genommen, und unsere Krankheit hat er getragen.« (Matthäus 8,17) Aber dieses Zitat steht in einem Bericht darüber, dass viele Schwache und Kranke sich in Jesu Nähe drängen, um sich von ihm heilen zu lassen. Ja, Jesus heilt und trägt so unsere Krankheit. Dieses Zitat aus Jesaja 53 hat also nichts mit einem Sterben »für andere«, sondern mit seinem Leben »für andere« zu tun.

Ein drittes Beispiel: Lukas erzählt, dass Jesus zusammen mit zwei Verbrechern gekreuzigt worden ist. In Jesaja findet er das passende Zitat dazu und baut es in seinen Text ein: »Er ist zu den Übeltätern gerechnet worden.« (Lukas 22,37) Aber dieses Zitat aus Jesaja 53 beschreibt nur das Sterben Jesu inmitten von zwei »Übeltätern«. Es hat mit dem Stellvertreterleiden nichts zu tun.

Und selbst in folgendem Text kann ich die Sühnopfervorstellung nicht finden. Merkwürdig für uns und ungewohnt ist das Bild, das der 1. Petrusbrief gebraucht. Er schreibt: Jesus »hat unsere Sünden an seinem Leib hinaufgetragen an das Holz […] durch seine Wunden seid ihr heil geworden.« (1. Petrus 2,24–25) Der zweite Teil dieses Zitats spielt auf Jesaja 53 an. Wer großzügig und unscharf durch seine Sühnopferbrille blickt, findet hier einen Beleg für den Sühnopfertod. Aber genau genommen wird nicht gesagt, dass Jesus als Sühnopfer stirbt.

Das Sterben Jesu wird nicht begründet, nicht durch den Willen Gottes, aber auch nicht mit der Bosheit der Römer, nicht mit der Liebe Jesu und nicht mit der Sünde der Menschen. Es wird einfach erinnert an eine Tatsache: dass Jesus am »Holz« gestorben ist. Aber sterbend hat er etwas Großartiges getan, das zwar hier nicht als Grund und Zweck für sein Sterben genannt ist, ihm aber einen guten Sinn verleiht: Er hat unsere Sünden mit hinaufgenommen an das Kreuz. Dann sind unsere Sünden mit ihm gestorben. Er hat beim Sterben unsere Sünde mit sich in den Tod genommen. Darum gilt, dass »wir der Sünde abgestorben sind« (1. Petrus 2,24). Jesus ist nicht für unsere Sünden und an unserer Stelle gestorben, sondern er hat sterbend unsere Sünden mit in seinen Tod gerissen und so ausgelöscht.

Das ist ein ungewöhnliches Bild in der Fülle der Bilder, die versuchen, dem Tod Jesu einen Sinn zu geben, doch ist es kein Bild eines Sühnopfers. Mit Sühne und Bestrafung Jesu durch die Kreuzigung wegen unserer Sünde hat das nichts zu tun. Jesus stirbt nicht an unserer Stelle. Jesu Heilstat ist, dass er seinen Tod als Chance und Gelegenheit nutzt, unsere Sünden mit in den Tod zu nehmen und sterben zu lassen. Auch dieses Bild kann ich nur als Bild aus antikem Denken verstehen, aber nicht als schlüssige Beschreibung dessen, was im Tod Jesu geschah. Es ist eine Vorstellung, die wir ähnlich später bei Paulus noch ausführlich behandeln werden.

Weil der Tod Jesu an dieser Stelle im 1. Petrusbrief kein Sühnopfer für unsere Sünden ist, darum ist dort seine Botschaft auch nicht: Nun seid ihr von euren Sünden erlöst! Der 1. Petrusbrief will uns Jesus als ein Vorbild im Verhalten darstellen: »Wenn ihr um guter Taten willen leidet und es ertragt, das ist Gnade bei Gott. Dazu seid ihr berufen, da auch Christus gelitten hat für euch und euch ein Vorbild hinterlassen hat, dass ihr sollt nachfolgen seinen Fußstapfen [...] der nicht widerschmähte, als er geschmäht wurde, nicht drohte, als er litt.« (1. Petrus 2,20–23)

Zu 2. Hier biete ich noch eine Überlegung an, die man nicht schlüssig finden muss, die aber einiges besser erklärt. Wie wir gesehen haben, nutzt das Neue Testament die Gelegenheit nicht, im Anschluss an Jesaja 53 von dem stellvertretenden Sühneleiden Jesu zu reden. Vielleicht hängt es damit zusammen, dass man damals in Jesaja 53 wohl einen Text zum Thema »Leiden«, aber nicht zum Thema »stellvertretendes Sühneleiden« sah, ihn also ganz anders verstanden hat als die kirchliche Tradition seit vielen Jahrhunderten. Vielleicht hat der Gedanke des stellvertretenden Leidens deswegen keinen Weg von Jesaja 53 ins Neue Testament gefunden, weil er dort selbst gar nicht enthalten war. Damit bin ich bei jener Auslegung, die ich oben schon angedeutet habe, die man kaum in der Literatur findet, aber nun von mir als Anregung zum eigenen Nachdenken weitergegeben wird.

Man muss dabei bedenken, dass der deutsche Text unserer Bibel immer von Menschen übersetzt wurde, für die der Sühnopfertod wichtig war. Bei Luther ist nachweisbar, dass dies seine Übersetzung beeinflusst hat. Wo im Urtext vom »Schaf« und »Mutterschaf« (Jesaja 53,7) geredet wird, macht Luther ein (Opfer-) »Lamm« aus dem »Schaf«. In

Vers 10 steht im Hebräischen ein Wort, das nach allgemeiner Überzeugung der heutigen Ausleger nichts mit der Welt des Kultischen, nichts mit dem Opferkult zu tun hat, aber in unserer Lutherbibel mit »Schuldopfer« übersetzt wird, also der Sühnopfertheorie angepasst wird.

Vielleicht darf man Jesaja 53 so verstehen, wie ich es im Folgenden frei paraphrasierend darstelle:

Ein »Gottesknecht« predigt in Gottes Namen. Dieser Bote ist keine strahlende Erscheinung, sondern ein hässlicher Schwächling. Wer kann in diesem kraftlosen Menschen einen Boten des großen Jahwe erkennen? Einer, dem es so offensichtlich schlecht geht wie dem »Gottesknecht«, kann kein Bote Gottes sein. Statt seiner Botschaft zu glauben, haben »wir« (Wer sind die Redenden?) *ihn »für nichts geachtet«. Wir haben ihn verachtet, ihn gemobbt, ihn »gemartert«, und er ließ sich das stumm gefallen. Als Bote Gottes haben wir ihn nicht anerkannt. Und das haben wir ihn spüren lassen. Das Amt, das Gott ihm auferlegt hat, hat ihm viel Leid gebracht. Und das Leid, das Gott mit dem Prophetenamt auf ihn legte, kam durch uns, war das Leid, das wir ihm zugefügt haben.*

Es war nicht das Strafleiden, das er stellvertretend für unsere Sünden übernommen hätte. Unsere Sünde war das, was wir ihm an Gemeinheiten antaten, ein wahrlich sündhaftes Verhalten. In der Rückschau wissen wir, dass wir ihn falsch beurteilt und gemein behandelt haben. Wir haben ihn »durch unsere Missetaten«, durch unser böses Verhalten, durch unser Mobbing verwundet und in den Tod getrieben. Wir haben damals den inneren Frieden gefunden, indem wir unsere Verachtung für ihn mit seiner beunruhigenden Prophetenbotschaft im Hass auf ihm abgeladen haben.

Wer diese freie Übertragung in sich aufnimmt und dann noch einmal versucht, Jesaja 53 aus diesem Blickwinkel zu verstehen, mag das einleuchtend finden. Manches daran macht Jesaja 53 verständlicher, gerade im Zusammenhang der anderen Gottesknechtlieder. Von einer Art kultischen Sühnopfers ist jedenfalls bei Jesaja nirgendwo die Rede. Der Gottesknecht, der Bote Gottes, stirbt für seine Botschaft – wie Jesus. Der Sühnegedanke spielt aber keine Rolle. Ich komme um die Feststellung nicht herum, dass Jesaja 53 als alttestamentlicher

Beleg für stellvertretendes Sühneleiden Jesu im Neuen Testament nicht gebraucht wird.

Jesus ist gestorben »nach der Schrift«. Wie das zu verstehen ist und welche Wirkung das gehabt hat, haben wir oben dargestellt. Der innere Absicht dabei ist die glaubende Überzeugung: Alles hat seinen Sinn gehabt, auch die Kreuzigung Jesu. Selbst das Sterben Jesu steht in einem inneren Zusammenhang zur alten Geschichte der Bibel. Das gibt den ersten Christen die Gewissheit, selbst durch die Hinrichtung Jesu nicht aus der Geschichte Gottes mit seinem Volk einfach herausgefallen und herausgestoßen worden zu sein.

b) Markus: Jesus, der verborgene Gottessohn Markus hat als erster ein Evangelium geschrieben. Er ist als Erfinder der Gattung »Evangelium« in die christliche Literaturgeschichte eingegangen. Die anderen Evangelisten benutzen ihn später als Quelle. Mit anderen Worten: Sie haben bei ihm abgeschrieben. Das lässt sich leicht feststellen, wenn man die Paralleltexte nebeneinander legt und vergleicht.

Bereits knapp vierzig Jahre war Jesus tot, als Markus anfing, die Geschichten aus dem Leben Jesu zu sammeln und aufzuschreiben. Natürlich ging er nicht nach heutigen historisch-kritischen Maßstäben vor. Er hatte Jesus selbst nie kennengelernt, hatte also keine persönlichen Erinnerungen. Er musste sich die Informationen von anderen holen, die auch meistens Jesus persönlich nicht mehr gekannt haben.

Was er aufschrieb, war zunächst mündlich weitergegeben worden, z. B. in Predigten. Wer von Ihnen im Hören von Predigten geübt ist, der weiß, dass dort bis heute manche sogenannte »wahre Geschichte aus dem Leben« erzählt wird, die aber für den Predigtzweck etwas zugespitzt wird und oft eine Pointe enthält. So war vieles, was die ersten Christen mit Jesus erlebt hatten, nach genau dieser Methode weitergegeben worden: oft zugespitzt formuliert und mit verschärften Pointen versehen.

Markus sammelte nun gewissenhaft diese Texte, die so etwas wie bewährte Predigtbeispiele aus dem Leben Jesu waren. Als Redakteur stellte er die Texte zusammen. Er hatte dabei eine theologische Sicht der Dinge und eine Absicht, die immer wieder durchschimmert.

Darum bleibt nicht verborgen, was er theologisch von der Kreuzigung Jesu hielt. Ein paar – keineswegs erschöpfende – Hinweise will ich im Folgenden geben.

»Passionsgeschichte mit ausführlicher Einleitung« Für Markus ist die Hinrichtung Jesu nicht das Heilsereignis schlechthin, etwa als Opfertod für unsere Sünden. Darüber schweigt Markus. Trotzdem legt er besonders großen Wert auf die Kreuzigung. Es ist schon immer aufgefallen, dass die Passionsgeschichte bei Markus ein außergewöhnliches Gewicht hat. Etwa ein Drittel der Erzählung vom Wirken Jesu fällt auf die eine Leidenswoche in Jerusalem. Darum hat man das Evangelium auch zugespitzt »Passionsgeschichte mit ausführlicher Einleitung« genannt. Markus muss also die Darstellung der Passion Jesu wichtig gewesen sein.

Eine Erklärung, die mir einleuchtet, lautet so: Im Umfeld des Markus gab es Gläubige mit einer besonders großen Auferstehungsbegeisterung. Mit der Auferstehung Jesu schienen ihnen alle Probleme im Grunde gelöst. Leid und Mühen seien vorbei. Wie schon erlöste Menschen könne man leben, in der Kraft des Herrn Wunder und machtvolle Taten vollbringen.

(Sie glichen damit vielleicht den Menschen, mit denen sich schon früher Paulus in seinem Brief an die Korinther angelegt hatte, den sogenannten Libertinisten in Korinth.)

Denen hält Markus sein Evangelium vor, um ihren Überschwang der Auferstehungsfreude durch eine Nachfolge unter dem Kreuz zu korrigieren.

Ostern nur in der Kurzfassung Das Evangelium hat keine »ordentliche« Ostergeschichte. Sie ist mit acht Versen äußerst knapp. Das Evangelium endete ursprünglich mit dem Vers: »Und sie flohen vor dem Grab; denn Zittern und Entsetzen hatte sie ergriffen. Und sie sagten niemandem etwas; denn sie fürchteten sich.« (Markus 16,8) Die folgenden Verse fehlen in den ältesten griechischen Handschriften. Erst in den späteren Handschriften sind sie nachträglich eingefügt. Ob Markus mit seiner sehr sparsamen Ostererzählung den auferstehungsbegeisterten

Zeitgenossen Wind aus den Segeln nehmen wollte? Ob er darum bewusst das Kreuz stärker akzentuierte als die Auferstehung?

Nachfolge nur als Kreuzesnachfolge Jedenfalls ist für Markus klar: Die Christus-Nachfolge führt auf den Kreuzesweg. Sie ist kein Weg in der Sonne des österlichen Triumphs, sondern im Schatten des Kreuzes. Dass Christen als Christen leiden, ist kein Irrtum, sondern hat seine Richtigkeit. Denn so ist es schon Jesus ergangen. (Markus 8,34ff. »Wer mir nachfolgen will, der nehme sein Kreuz auf sich und folge mir nach.«)

Jesus hat mit seinem Sterben seinen Jüngern das Kreuz nicht abgenommen, sondern aufgelegt. (Das ist fast das Gegenteil des Gedankens, dass Jesus uns unsere Sünden abgenommen und sich auferlegt hat!) Wer zu Jesus gehört, trägt nicht die Krone der Weltherrschaft und Wundermacht, sondern das harte Holz des Kreuzes. Die Passionsgeschichte ruft also die Auferstehungs-Schwärmer in eine Nachfolge unter dem Kreuz.

Warum Alexander und Rufus in die Bibel kommen Die Wundermacht mag den Leuten in der Umgebung des Markus das Wichtigste gewesen sein. Markus leugnet die Wunder Jesu nicht. Im Gegenteil: Jesus ist bei ihm vor allem Wundertäter, mehr als in den anderen Evangelien. Aber es gibt ein Problem mit den Wundern. Sie helfen den Leuten leider nicht, Jesus richtig zu verstehen. Die Wunder führen nicht zur wahren Erkenntnis Jesu, sie führen zu Missverständnissen über Jesus. Darum verbietet Jesus im Markusevangelium den Geheilten, die Wunder weiterzuerzählen. Das wahre Wesen Jesu bleibt trotz seiner Wunder geheim und verborgen. (Man hat für diesen Aspekt bei Markus den Begriff des »Messiasgeheimnisses« gebraucht.)

Die wirkliche Größe Jesu bleibt verborgen, bis sie sich überraschend ausgerechnet bei der Hinrichtung, also in Ohnmacht und Schwäche, dem römischen Hauptmann offenbart, der bekennt: »Dieser ist Gottes Sohn gewesen.« (Markus 15,39)

Markus schildert die Schwäche Jesu, unter der seine Hoheit verborgen ist. Er möchte den Wundergläubigen unter seinen christlichen

Zeitgenossen zeigen, dass Jesus, der »Wundermann«, wirklich schwach war. Er beschreibt, dass Jesus auf dem Weg nach Golgatha das Kreuz selbst tragen musste, aber darunter zusammenbrach. Weil gerade ein Simon von Kyrene an der Straße stand, zwangen die Soldaten ihn, das Kreuz Jesu weiterzutragen. So schwach war Jesus, der Wundermann! Das ist für die Zeitgenossen des Markus schwer zu glauben. Darum schiebt Markus ein wichtiges Argument nach: Alexander und Rufus, die Söhne des Simon, waren dabei, und die könnt ihr als Zeugen befragen. So kommen die beiden Männer in die Bibel. Nicht als Zeugen der Majestät des Gottessohnes, sondern als Zeugen seiner Schwäche.

Für Markus gilt diese Logik: Wer sich als Nachfolger Christi verstehen will, muss Christus verstehen. Wer Christus verstehen will, muss verstehen, dass er gelitten hat und seine Kraft nicht reichte. Die Konsequenz daraus lautet: Wer sich als Nachfolger Christi verstehen will, muss verstehen, dass auch er leiden wird und die eigene Kraft nicht reichen wird.

Kein Wunder am Kreuz Die Menschen unter dem Kreuz Jesu sind wundergierig, ganz wie die Adressaten des Markus. Sie wollen das Ultimative, das Wunder, das ein Gekreuzigter vollbringen kann: »Steige herab vom Kreuz, dass wir glauben.« (Markus 15,32)

Aber den Wundersüchtigen wird das Wunder nicht geschenkt. Jesus bleibt in seinen Schmerzen am Kreuz und steigt nicht herab. Wer Jesus als Wundermann verstehen will, muss an der Tatsache seiner Kreuzigung irre werden.

Und doch geschieht eine besondere Art von Wunder: Einer erkennt am Kreuz die Hoheit Christi. Es ist ein Heide, ein römischer Offizier. Dem gehen die Augen auf. Und er bekennt: »Wahrlich, dieser Mensch ist Gottes Sohn gewesen« (Markus 15,39). Es ist sehr paradox: Im Tod erkennt er die Hoheit Jesu, im Gipfelpunkt der Schwäche sieht er den Triumph seiner Stärke.

Offenbarwerden des »Gottessohnes« Der römische Offizier bekennt Jesus den Gekreuzigten als »Gottes Sohn«. Das ist merkwürdig und rätselhaft. Aber das ist der Schlusspunkt einer Entwicklung, die schon mit der Überschrift des Markus-Evangeliums eingeleitet wird: »Das ist der Anfang des Evangeliums von Jesus Christus, dem Sohn Gottes.« (Markus 1,1)

Markus will also ein Evangelium vom Sohn Gottes schreiben. An drei wichtigen Stellen kommt dieser Begriff »Sohn Gottes« zentral vor, so wie man drei Pflöcke in den Boden rammt, um eine Richtung zu markieren.

1. Pflock: Gleich zu Beginn des Evangeliums (Markus 1,9-13) gehr Jesus mit vielen anderen Menschen hinaus in die Wüste an den Jordan, um sich von Johannes dem Täufer im Jordan taufen zu lassen. Da sieht und hört Jesus etwas ganz Besonderes. Nur er sieht und hört es, keiner sonst.

Der Himmel tut sich über ihm auf. Der Geist Gottes kommt wie eine Taube auf ihn herab. Und eine Stimme »geschieht«: »Du bist mein lieber Sohn, an dir habe ich Wohlgefallen.« Nur Jesus weiß jetzt über sich Bescheid: Er ist – noch geheim – zum Sohn Gottes »adoptiert«, ernannt worden. Denn bei Markus ist Jesus nicht von Geburt an Gottes Sohn, anders als es Lukas und Matthäus in den berühmten Weihnachtsgeschichten erzählen. Markus hat keine Weihnachtsgeschichte. Dafür beginnt das Evangelium mit dieser ganz anderen Art von Weihnachtsgeschichte: Jesus wird mit ca. 30 Jahren als Sohn Gottes adoptiert.

2. Pflock: In der Mitte des Evangeliums (Markus 9,2ff.) besteigt Jesus mit drei Jüngern einen hohen Berg. Da wird er »vor ihnen verklärt, und seine Kleider wurden so hell und sehr weiß, wie sie kein Bleicher auf Erden so weiß machen kann«. Da erscheinen die Uralten, Moses und Elia, die hier wie Garanten der Seriosität und Gültigkeit beim Folgenden anwesend sind. Wieder »geschieht« eine Stimme vom Himmel: »Dies ist mein lieber Sohn, den sollt ihr hören.« Hier wird nicht Jesus angeredet. Der weiß ja schon seit der Taufe im Jordan Bescheid. Hier werden die Jünger in das Geheimnis der Person Jesu eingeweiht. Sie sollen ihn als den Gottessohn achten und begleiten.

3. Pflock: Am Ende des Evangeliums, nach dem Sterben Jesu (Markus 15,39), ist es keine Stimme vom Himmel, sondern die Stimme eines Heiden, des römischen Hauptmanns, der das Geheimnis laut macht und der gerade hier erkennt und bekennt: »Wahrlich, dieser Mensch ist Gottes Sohn gewesen.«

Es beginnt als Jesu persönliches Geheimnis, dann wird es den Jüngern offenbart, aber das Ziel ist erst in der Kreuzigungsgeschichte erreicht, als in der Person des römischen Soldaten die (Heiden-)Welt Jesus als Sohn Gottes erkennt.

Vorher schon hatte Markus als das Ziel des Lebens Jesu angegeben, »für alle« da zu sein. Markus gebraucht dafür die Wendung: »für viele« und meint damit die Völkerwelt außerhalb des Judentums. (Markus 10,45: »Jesus ist gekommen sein Leben zu geben[...] für viele.« und Markus 14,24: »Das ist mein Blut des Bundes, das vergossen wird für viele.«)

Das Bekenntnis des römischen Hauptmanns unter dem Kreuz markiert bei Markus das Erreichen dieses Ziels und den Durchbruch des Evangeliums in die Welt der Heiden.

Das Sterben Jesu wird geschildert wie das Gottesgericht am von Juden erwarteten »Tag des Herrn«, an dem sich die Sonne verfinstert (Markus 16,33). Die Kreuzigung wird zu einem kosmischen Großereignis. Das ließe sich an vielen kleinen und winzigen Details zeigen.

Dazu gehört, dass Jesus schreit. Damit zerreißt er den Vorhang im Tempel, der vor dem Allerheiligsten hängt und es abtrennt (Markus 16,38). Das ist das Gericht über den Tempel, seine Gottesdienste und Autoritäten. Die Hinrichtung Jesu wird als »Jüngstes Gericht« beschrieben, aber mit vertauschten Rollen: Der Hingerichtete ist der Richter über seine Henker, die besonders Frommen sind die Gottlosen, die Gesetzeslehrer die Gesetzlosen. Der Tiefpunkt im Geschick Jesu wird hintergründig als Höhepunkt bezeichnet. »Wahrlich, dieser Mensch ist Gottes Sohn gewesen«.

Der Heide und die Frauen Nie verstanden die Jünger Jesus wirklich. Einer hat seinen Herrn verraten, einer hat ihn verleugnet, die andern sind geflohen.

Das Volk lässt ihn im Stich. Der »König der Juden«, wie ihn die Inschrift oben am Kreuz bezeichnet, ist ein König ohne Volk. Selbst Gott scheint ihn verlassen zu haben. Trotzdem wendet sich Jesus an diesen Gott und betet mit lautem Ruf: »Mein Gott, mein Gott, warum hast du mich verlassen!« (Markus 15,34) und stirbt.

Jetzt erst geschieht das Wunder: Der Heide erkennt in ihm Gottes Sohn. Und da wird auch das andere Wunder sichtbar: Einige wenige Personen aus der Umgebung Jesu trauen sich, wenigstens aus der Ferne bei dem Sterbenden zu bleiben, Personen, die zu den Verachteten der damaligen Zeit gehörten: zum einen waren sie Frauen; zum anderen stammten sie aus Galiläa, aus der finstersten Provinz im hohen Norden. Für sie, den gering geachteten Heiden und die gering geachteten Frauen aus Galiläa, ist Jesus gekommen und gestorben.

Zusammenfassen ist festzustellen: Die Kreuzigungsgeschichte ist nicht als eine Sühnopferhandlung geschildert, sondern hier löst sich das Messiasgeheimnis auf, indem die gering Geachteten unter den Menschen das Heil Gottes im Leben Jesu für sich erkennen. Sie sind die ersten, aber für Markus ist es nur ein Anfang, denn Jesus ist »für viele« gekommen.

Die Sühnopfertheologie fehlt. Aber ihr Fehlen bedeutet kein Vakuum. Markus hat eine eigene Deutung des Lebens und Sterbens Jesu, eine weitere neben den vielen, die wir bereits kennengelernt haben und noch kennenlernen werden. Es mag manchen fraglich erscheinen, ob die obige Interpretation der Kreuzigung richtig ist, ob sie ausreichend ist, ob sie die einzig mögliche ist. Nicht fraglich ist, dass Markus die Sühnopfertheologie nicht darstellt.

c) Matthäus: Lehrer des Gesetzes Manchmal lohnt es sich, genau zu zählen: Markus zitiert 16-mal die alten Schriften, Lukas 18-mal, Johannes 17-mal. Aber bei Matthäus findet man 52 Schriftzitate. So lässt sich allein durch Abzählen feststellen, dass für Matthäus die Übereinstimmung Jesu mit der Lehre seiner Bibel, des Alten Testaments, sehr wichtig ist. Matthäus findet erstaunlich viele Beispiele dafür, dass Jesus »gemäß« der Schrift gelebt hat. Jesus tut, was die alte Schrift will, »auf dass erfüllt würde«, was in den alten Schriften gesagt war.

(Wir hatten schon oben erwähnt, dass nur Matthäus Jesus auf zwei Eseln reitend in Jerusalem einziehen lässt. Er tut dies, um mit dem Wortlaut der alten Schriften übereinzustimmen.)

Der neue Moses? Matthäus zeigt eine profunde Schriftgelehrsamkeit, von der mancher Bibelleser von heute sich eine Scheibe abschneiden könnte. Für ihn ist klar, dass Jesus die Autorität der Alten Bibel ganz hoch schätzt. Kein Jota soll außer Kraft gesetzt werden, Jesus will das ganze Gesetz erfüllen. »Ich bin nicht gekommen, das Gesetz aufzulösen, sondern zu erfüllen.« (Matthäus 5,17)

Matthäus schreibt sein Evangelium für Menschen, denen etwa Luthers Frage: »Wie bekomme ich einen gnädigen Gott?« ziemlich fremd ist. Die Menschen, die Matthäus im Blick hat, möchten wissen, wie man richtig lebt, wie die »bessere Gerechtigkeit« aussieht. Für Matthäus war Jesus der Lehrer des Gesetzes. Es ist das alte Gesetz, aber eine neue Einstellung muss gewonnen werden: Das Herz muss dabei sein und das absolute Vertrauen auf Gott. Das macht Jesus auch für sich zur Verpflichtung. Das sehen wir später in der Kreuzigungsgeschichte.

Aber Gott ist voller Freundlichkeit, und diese Freundlichkeit zeigt er in Jesus dadurch, dass Jesus eine gute Gesetzes-Lehre bringt. Sie ist wie eine leichte Last. (Matthäus 11,28ff.: »Nehmt auf euch mein Joch [...] Denn mein Joch ist sanft und meine Last ist leicht.«)

Gott ist gnädig und barmherzig, er lässt die Sonne aufgehen über Gute und Böse. Aber typisch ist, dass bei Matthäus diese Feststellung der Güte nicht als eine Art dogmatische Wahrheit »im Freien« stehen bleibt. Es kommt ja auf das richtige Leben an. Darum wird ein Gebot als Konsequenz angefügt: das Gebot der Feindesliebe. (Matthäus 5,44: »Liebet eure Feinde und bittet für die, die euch verfolgen, damit ihr Kinder seid eures Vaters im Himmel. Denn er lässt die Sonne aufgehen über Böse und Gute und lässt regnen über Gerechte und Ungerechte.«)

Jesus erscheint bei Matthäus ein wenig wie ein neuer Moses. Moses kam aus Ägypten. Auch Jesus kommt aus Ägypten. Dorthin waren ja seine Eltern mit ihm geflohen.

Moses teilte an einem Berg, dem Berg Sinai, dem Volk die Gebote mit. Auch Jesus verkündigt von einem Berg aus die berühmte Bergpredigt, die Auslegung des Gesetzes Gottes.

Weil die Lehre und Unterweisung so besonders wichtig sind, heißt die Weisung, die Jesus ganz zum Schluss an seine Jünger gibt

(Missionsbefehl): »Geht in alle Welt und lehret alle Völker [...]« (Matthäus 28,19). Warum aber wird er gekreuzigt?

Er hätte auch anders gekonnt Matthäus betont die Hoheit Jesu. Bei Markus wird diese Hoheit Jesu versteckt oder von seinem Gegenteil verhüllt.(»Messiasgeheimnis«). Bei Matthäus ist sie offenbar. Anders als bei Markus weiß Jesus um seine Auslieferung (Matthäus 26,2), kennt die Stunde (Matthäus 26,18), ergreift die Initiative und fordert den Verräter auf, sein Werk zu tun (Matthäus 26,50). Er könnte sich vom Himmel zwölf Legionen Engel kommen lassen, die ihn befreien (Matthäus 26,53). Er hat die Macht, den Tempel Gottes zu zerstören (Matthäus 26,61). Und manches mehr.

Die Hoheit Jesu ist sichtbar. Er braucht sich das wahrlich nicht gefallen zu lassen, was man ihm antut. Aber er weicht dem Tode nicht aus, sondern bleibt gehorsam und voller Gottvertrauen. »Dein Wille geschehe!« ist der Inhalt seines Gebets. Was er gepredigt und gelehrt hat, ist auch für ihn selbst eine Verpflichtung. Jetzt beweist er, dass es gilt bis in den Tod – auch für ihn. Er tut den Willen Gottes, obwohl er auch anders könnte. So sollen auch die Christen den Willen Gottes tun, den der neue Moses im Gesetz neu gezeigt hat.

In meinen Augen ist der wichtigste Akzent der Kreuzigungsgeschichte Jesu bei Matthäus dies: Nicht aus Ohnmacht leidet er. Er hätte nicht nur fliehen, sondern sich auch richtig wehren können. Er widersteht der Versuchung, seine Macht zu gebrauchen. Er bleibt gehorsam seinem Auftrag, der in Matthäus' Darstellung allerdings nicht das Sühnopfer für unsere Sünden ist, sondern die Verkündigung des Gesetzes Gottes, der Gehorsam gegenüber Gottes Willen. Er opfert sich, allerdings nicht für die Sünden der Welt, sondern für die Wahrheit seiner Lehre, für die Wahrheit des Gottesgesetzes, das für ihn selbst im Tode gültig ist.

Die Sühnopfertheologie fehlt also. Aber auch hier bedeutet ihr Fehlen kein Vakuum. Es mag manchen fraglich bleiben, ob die obige Interpretation der Kreuzigung richtig ist. Nicht fraglich ist, dass für Matthäus die Sühnopfertheologie kein Thema ist. Seine ganz eigene Deutung Jesu kommt ohne sie aus.

d) Lukas: Jesus, der Märtyrer Warum musste Jesus nach Ansicht des Lukas sterben? Gibt es einen tieferen Grund, etwa die Erlösung der Menschheit von den Sünden durch den Opfertod Jesu? Auch Lukas hat seine ganz Deutung des Todes Jesu, eine weitere neben vielen anderen.

Wenn man wissen will, was Lukas darüber gedacht hat, dann kann man auch in das zweite Buch sehen, das Lukas geschrieben hat, die Apostelgeschichte. Darin lässt Lukas die Apostel große Reden halten, in denen auch vom Sterben Jesu gesprochen wird:

»So wisse nun das ganze Haus Israel gewiss, dass Gott diesen Jesus, den ihr gekreuzigt habt, zum Herrn und Christus gemacht hat.« (Apostelgeschichte 2,36) Oder: »aber den Fürsten des Lebens habt ihr getötet. Den hat Gott auferweckt von den Toten [...].« (Apostelgeschichte 3,15)

Hier gibt es eine Zweiteilung der Täterschaft: Beide sind Täter, die Menschen und Gott. Aber es gibt eine ganz klare Trennung der Tätigkeiten. »Ihr« Menschen habt ihn getötet – Gott hat ihn auferweckt. Der Tod Jesu ist ein Verbrechen von Menschen. Er ist nicht ein Opfer für die Sünden, sondern das Opfer eines Verbrechens. Er ist ein Märtyrer.

Dem Kreuz kommt keine Heilsbedeutung zu, das Heil ist an die Auferstehung gebunden. Statt einer Theologie des Kreuzes gibt es bei Lukas eine Theologie der Erhöhung: Zweimal erzählt er die Himmelfahrtsgeschichte, einmal zum Schluss des Evangeliums (Lukas 24,50ff.) und einmal am Anfang der Apostelgeschichte (Apostelgeschichte 1,1ff.). Aber wenn der Tod keine Heilsbedeutung hat, warum schreibt Lukas so ausführlich darüber?

Für Lukas ist Jesus einer der Gerechten, die als Märtyrer sterben. Die Geschichte des Todes Jesu ist eine Art Märtyrergeschichte. Er gibt ein Muster ab für alle Christen, insbesondere für Märtyrer. Er ist das fromme Vorbild des Leidens und Sterbens. Selbst am Kreuz betet er für seine Peiniger: »Vater, vergib ihnen, denn sie wissen nicht, was sie tun!« (Lukas 23,34) Qualvoll am Kreuz hängend klagt er nicht, schreit nicht in seiner Verzweiflung. Den Ruf des sterbenden Jesus in den anderen Evangelien, »Mein Gott, mein Gott, warum hast du mich verlassen!« (Matthäus 27,46; Markus 15,34), hat Lukas weggelassen. Stattdessen spricht Jesus vertrauensvoll das jüdische Abendgebet: »Vater, ich befehle meinen Geist in deine Hände.« (Lukas 23,46)

Weil Jesus als Märtyrer, als frommer Gerechter stirbt, bekennt der Hauptmann bei Lukas nicht: »Wahrlich, dieser Mensch ist Gottes Sohn gewesen!«, sondern: »Wahrlich, dieser ist ein frommer Mensch gewesen!« (Lukas 23,47)

In der Apostelgeschichte wird erzählt, wie der erste Christ zum Märtyrer wird: Stephanus, als Armenpfleger ein hochbegabter Organisator der Diakonie, wird gesteinigt. Auch er bittet wie Jesus für seine Peiniger: »Herr, rechne ihnen diese Sünde nicht an!« und stirbt wie Jesus mit dem vertrauenvollen Gebet: »Herr Jesus, nimm meinen Geist auf!« (Apostelgeschichte 7,59f.). Er stirbt nach dem »Muster«, das Jesus als Urbild und Vorbild der Märtyrer hinterlassen hat.

Später wird man sagen: »Sanguis Martyrum est semen Christianorum« – »Das Blut der Märtyrer ist der Samen der Christen«. Auch schon unter dem Kreuz Jesu, bei seinem Sterben, passt dieses Wort. Der Tod des Märtyrers ist nicht vergeblich, denn es finden Bekehrungen statt. Da ist einmal der mit Jesus gekreuzigte Verbrecher, der sich Jesus hoffnungsvoll zuwendet: »Gedenke an mich, wenn du in dein Reich kommst!« (Lukas 23,42) Dann ist da, wie in den anderen Evangelien, der römische Hauptmann mit seinem Bekenntnis. Auch die Volksmenge wird zur Buße, zur Umkehr bewegt: »Sie schlugen sich an ihre Brust und kehrten wieder um.« (Lukas 23,48)

Übrigens ist bei der Steinigung des Stephanus Saulus (= Paulus) anwesend, der dann wenig später zur Christengemeinde findet (Apostelgeschichte 7,58: »Und die Zeugen legten ihre Kleider ab zu den Füßen eines jungen Mannes, der hieß Saulus.«)

»Die Mitte der Zeit« Unter diesem außergewöhnlichen Titel erschien vor Jahren ein Buch über die Theologie des Lukas. Darin wird herausgearbeitet, dass für Lukas die Zeit des Wirkens Jesu ein ganz besonderer Zeitabschnitt ist, eine Zeit ohne Teufel, eine Heilszeit, die »Mitte der Zeit«, weil der Teufel ganz am Anfang Macht hat und ganz am Ende diese Macht wiederhat, dazwischen aber, in der Mitte der Zeit, verschwunden ist.

In Kapitel 4 wird erzählt, wie der Teufel Jesus beiseite nimmt, ihm allerhand verlockende Angebote macht, um ihn auf die Probe zu stellen und zu versuchen. Die Legende endet mit der Bemerkung: »Und als der Teufel alle Versuchungen vollendet hatte, wich er von ihm eine Zeitlang.« (Lukas 4,13)

Jetzt beginnt eine Zeit ohne die Macht der Teufel bis zum Beginn der Passionsgeschichte. Da ist die Heilszeit zuende, denn: »Es fuhr aber der Satan in Judas.« (Lukas 22,3)

Jetzt beginnt die Passion. Jesus muss die zweite, die letzte Versuchung überstehen. Das Kreuz ist Zeit der Versuchung. Aber er bleibt der fromme Gerechte bis zum Schluss und stirbt als Urbild der Märtyrer.

Auch hier können wir abschließend festhalten: Die Sühnopfertheologie fehlt. Aber ihr Fehlen bedeutet kein Vakuum.

Es mag manchen fraglich bleiben, ob die obige Interpretation der Kreuzigung richtig ist, ob sie ausreichend ist, ob sie die einzige mögliche ist. Nicht fraglich aber ist, dass bei Lukas die Sühnopfertheologie kein Thema ist.

e) Johannes: Ein König geht seinen Weg Johannes schenkt uns im Evangelium einige sehr vertraute Bilder des Glaubens: Jesus, das Licht der Welt, der gute Hirte usw. Aber wer das Evangelium liest, merkt schnell einen sehr eigenen Stil, ein sehr eigenes Denken. Johannes ist weit weg von den anderen drei Evangelien und vielleicht auch von dem historischen Jesus. Was er von Jesus sagt, ist sehr stark von einem ganz eigenartigen theologischen Denken und vielleicht von einer bestimmten Philosophie (»Gnosis«?) seiner Zeit geprägt. Er bietet eine weitere Interpretation, eine nächste Deutung des Todes Jesu, die sich deutlich von den anderen unterscheidet.

Ein königlicher Souverän Viel stärker als bei den anderen Evangelisten ist Jesus bei Johannes als souveräner König gemalt, der alles selbst bestimmt und auch in seiner Leidensgeschichte das Heft in der Hand behält. Alle Evangelisten erzählen die dramatische Geschichte im Garten Gethsemane, wo Jesus im Gebet darum ringt, seinen Schicksalsweg anzutreten – außer Johannes. Warum sollte er einen Gebetskampf im Garten Gethsemane schildern? Für Jesus gab es nach seiner Ansicht keinen Zweifel über seinen Weg. Jesus geht entschlossen auf den Tod zu. Er weiß, wann die Stunde gekommen ist, und bittet Judas Ischarioth, sein Satanswerk bald zu tun. Als Jesus gefangen genommen wird, ist er die souveräne Figur.

Es ist schon eine hübsche Pointe: Nicht er erschrickt, als die bewaffnete Horde kommt, um ihn zu verhaften. Es ist kurioserweise andersherum: Die Bewaffneten weichen vor Jesus zurück und fallen zu Boden, als er bekennt, er sei der Gesuchte. (Johannes 18,6)

Die Jünger haben bei Johannes keinen Grund zu fliehen wie in den anderen Evangelien, sondern sie werden aufgrund einer Intervention Jesu entlassen: »Sucht ihr mich, so lasst diese gehen.« (Johannes 18,7)

Das Thema »König« ist ein Hauptthema bei Johannes. Das Gespräch in der Gerichtsszene geht genau darüber. Dort will man es wissen: »Bist du ein König?« Und man bekommt die Antwort: »Ja, ich bin ein König.« (Johannes 18,37)

Eine grölende Meute steht vor dem Palast des Pilatus. Der hat Jesus verhört, jetzt führt er ihn heraus. Es wird still. Pilatus sagt:«Seht, das ist euer König.« (Johannes 19,14)

Bei der Kreuzigung wird die Folter- und Verspottungsszene geschildert wie eine pervertierte Königungshuldigung: Jesus hat sogar eine Krone auf, eine Dornenkrone. Er trägt einen königlichen Mantel aus Purpur, der ihm jedoch weggenommen wird. Jesus stirbt nackt. (Johannes 19,2)

Jesus zeigt Stärke. Auf dem Weg zur Kreuzigung schreitet er voran, die anderen hinterher. Er hat natürlich Kraft genug, das Kreuz selbst zu tragen. Keiner muss ihm helfen. Er trägt das Kreuz allein. Die Leute unter dem Kreuz zeigen Respekt. Sie verspotten Jesus nicht.

Die Kreuzesaufschrift teilt in der hebräischen, griechischen und lateinischen Sprache, also für die ganze Weltöffentlichkeit lesbar, mit, dass dieser Jesus von Nazareth der König der Juden ist.

Und dann zum Schluss der Schrei Jesu: »Mich dürstet!« Also doch ein kreatürliches Urbedürfnis: der Durst? Johannes begründet den Schrei anders, als Pflichterfüllung Jesu gegenüber den alten Schriften:

»Danach, als Jesus wusste, dass schon alles vollbracht war, spricht er, damit die Schrift erfüllt würde: Mich dürstet!« (Johannes 19,28f.)

Triumph am Kreuz: Die Liebe siegt Natürlich war der Weg Jesu bis zum Tode am Kreuz sehr qualvoll und das Sterben eine große Anstrengung. Darum ist sein letzter Schrei: »Es ist vollbracht.« Das ist kein verzweifelter Gebetsschrei, kein frommes Märtyrergebet, sondern die laute Aussage, dass er es hinter sich gebracht und das ihm vom Vater aufgetragene Werk getan habe.

Und was war sein Auftrag von Gott? Er hatte nicht den Auftrag, als Sühnopfer für die Sünden der Menschen sein Leben zu lassen. Er kam als Licht in diese Welt, obwohl die Finsternis in dieser Welt das nicht erkennt. Er kam, seine Herrlichkeit zu zeigen. (Johannes 1,14) Er kam als Zeuge für Gottes Wahrheit. Er sammelte als guter Hirte die Schafe: »Es gibt noch Schafe, die sind nicht aus diesem Stall« (Johannes 10,16), die muss er auch noch aufsuchen.

Das Licht, das leuchten soll, soll in seinem Leben für die Menschen sichtbar werden. Es soll in die Finsternis hineinleuchten.

Schon das ganze Leben Jesu war eine Verherrlichung. Besondere »Verklärungs«-Aktionen sind nicht nötig. Darum fehlt bei Johannes die für die anderen Evangelisten so wichtige Geschichte der »Verklärung« Jesu auf dem Berg.

Johannes' Evangelium schildert keine Abendmahlsfeier. Es ersetzt sie durch die Fußwaschung. Die Liebe ist das Thema des Ersatzabendmahls. Diese Liebe zeigt sich am Kreuz in der Fürsorge für die Mutter. Noch vom Kreuz aus sorgt er für die Seinen und hinterlässt ihre Familienangelegenheiten wohlgeordnet: »Siehe, das ist deine Mutter, das ist dein Sohn.« (Johannes 19,26)

Aber man findet keine Spur eines Sühnopfers. Nicht erst die Kreuzigung, nein, das ganze Leben war Hingabe für die Jünger und Freunde. Die Kreuzigung ist nicht ein neues Heilsgeschehen der Sühne, sondern im ganzen Leben Jesu bis zu seinem Ende, ja zum Ende im Tod am Kreuz wird seine Liebe offenbart. Aber sie zeigt sich nicht, indem er sich als Sühnopfer hingibt.

Von oben kommt er, nach oben geht er Johannes versteht Jesus ganz anders als die anderen Evangelisten. Bei Markus wurde Jesus als Erwachsener in seiner Taufe zum Sohn Gottes adoptiert. Bei Matthäus und Lukas ist er, wie die wunderbaren Umstände seiner Geburt zeigen, Sohn Gottes von Anfang seines irdischen Lebens an.

Johannes sieht das ganz anders. Für ihn ist Jesus von Ewigkeit her bei Gott, also oben, wie man das räumlich dachte, und kommt nun herunter auf die Erde, um das Licht von Gott zu bringen. Das ist seine Aufgabe. Dann geht er zurück zum Vater, und die erste Station dieses Weges nach oben ist die Erhöhung am Kreuz. Die Kreuzigung, die wir sicherlich als die tiefste Erniedrigung ansehen würden, wird bei Johannes als Erhöhung bezeichnet (Johannes 3,14; 8,28; 12,32.34). Die Exekution Jesu war die Inthronisation dessen, der schon vorher wie ein König war; das Kreuz wurde sein Thron und die Passion die triumphale Rückkehr des Offenbarers in die himmlische Welt.

Bei Johannes finden wir nicht die dreifachen Leidensansagen der anderen Evangelien, aber wir finden dreimal Ansagen der Heimkehr des Sohnes zum himmlischen Vater (Johannes 7,32; 8,21; 13,33).

Nun ist sein Werk vollbracht. Er hat die Schafe gesammelt als guter Hirte. Er, der vom Vater kam, geht jetzt zum Vater zurück. Er geht voran. Die erste Station auf dem Weg nach oben ist das Kreuz.

Jesus, das Passahlamm Nun gibt es noch eine Besonderheit bei Johannes, die er nicht plakativ vor uns ausbreitet, sondern eher indirekt und nur in kleinen Hinweisen: Bei Johannes stirbt Jesus als das Passahlamm.

Bei den andern Evangelisten feiern die Jünger mit Jesus das letzte Mahl als Passahmahl. Am Tag darauf stirbt Jesus. Bei Johannes stirbt Jesus einen Tag früher, nämlich zu dem Zeitpunkt, wenn die Passahlämmer geschlachtet werden. Vielleicht ist das sogar eine richtige historische Erinnerung. Dann hätten die anderen Evangelisten das Abendmahl mit dem Passahmahl in Verbindung gebracht und darum den Termin der Kreuzigung um einen Tag nach hinten verlegt.

Vielleicht liegt bei Johannes kein besonders tiefer theologischer Sinn darin. Wenn es ihm sehr wichtig gewesen wäre, hätte er es vielleicht mit kräftigeren Strichen gezeichnet. Aber doch erzählt er eine Besonderheit: Den Passahlämmern durften die Beine nicht gebrochen werden. Das erklärt wohl die merkwürdige Aussage, dass auch Jesus am Kreuz die Beine nicht gebrochen wurden. Der Grund dafür? »Auf dass erfüllt würde: ›Ihr sollt ihm kein Bein zerbrechen.‹« (Johannes 19,36)

Ob nun mehr zufällig oder, was ich eher vermute, ganz bewusst der Tod Jesu als Tod des Passahlammes gestaltet ist: Das Passahfest hat nichts mit einem Sühnopfer zu tun. Passah wurde gefeiert in Erinnerung an die Flucht Israels aus Ägypten und den anschließenden Zug durchs Rote Meer, der ihnen die Freiheit brachte. Passah ist das Fest der Befreiung. Traditionell wurde dabei ein Lamm geschlachtet. Das Schlachten dieses Tiere aber war kein Opferritus.

Doch was will Johannes damit sagen, dass er Jesus als Passahlamm sterben lässt? Vielleicht ist es so: Weil Jesus jetzt mit der Erhöhung über das Kreuz zu dem Vater zurückkehrt, beginnt er damit, die Seinen in die Freiheit des Lichtes bei Gott zu führen, wie Moses das Volk Israel aus Ägypten herausgeführt hat. Ist Christus das wahre Passahlamm, weil mit der Kreuzigung das Fest der Heimführung der Seinen in die Herrlichkeit Gottes beginnt? Johannes hinterlässt uns leider keine sichere Erklärung.

Versuchen wir, das zusammenzufassen, was wir bei Johannes als seine Deutung des Lebens und Sterbens Jesu verstanden haben: Jesus kommt von Gott, wirkt auf der Erde als Licht der Welt, sammelt die Menschen zur Herde und wird für sie der Weg zu Gott. Er geht den Weg nach oben zu Gott vor ihnen her. Die erste Station dieser Erhöhung ist die Erhöhung am Kreuz.Die Sühnopfertheologie fehlt.

Es mag manchen fraglich bleiben, ob die obige Interpretation der Kreuzigung richtig ist, schließlich ist sie uns sehr fremd. Nicht fraglich ist, dass Johannes die Sühnopfertheologie nicht thematisiert. Deutlich und unbestritten ist, dass Johannes eine sehr eigene Deutung hat, eine weitere neben vielen anderen.

f) Ergebnis der Betrachtung der Kreuzigungsgeschichten Es kann keinen Zweifel geben: Jesus ist gekreuzigt worden. Warum aber ist dies geschehen?

Die vier Evangelisten sammeln Überlieferungen und deuten den Tod Jesu jeder nach seiner Theologie. Wir haben festgestellt, dass den Evangelien ganz unterschiedliche Deutungen der Hinrichtung Jesu wichtig sind. Der Sühnopfertod Jesu zur Vergebung unserer Sünden gehört nicht dazu.

Wer nicht daran glauben mag, dass Jesus als Opfer für unsere Sünden gestorben ist, ist deshalb kein Häretiker oder Ketzer, wie es ihm vielleicht bestimmte Theologen vorwerfen könnten, es sei denn, Markus wäre ein Häretiker und Ketzer, und Matthäus und Lukas und Johannes wären es mit ihm.

War Jesu Tod also kein Opfer? Ist er nicht »für uns« gestorben? Doch, aber entscheidend ist, was man damit meint.

Hat Gott Jesus geopfert? Gott hat Jesus geopfert, aber nicht als Opfer für unsere Sünden. Und doch kann man sagen, dass Gott ihn für uns Menschen geopfert hat. Gott ist den Anklägern nicht ins Wort, den Henkern nicht in den Arm gefallen. Aber das ist vermutlich nie die Weise Gottes, etwas Böses mit Gewalt zu verhindern.

Er hat zwar nicht gewollt, dass die Henker ihr böses Werk tun, aber er hat Jesus diesen Weg zugemutet, weil er wollte, dass Jesus seine Botschaft nicht aus Furcht um sein Leben verleugnet.

Hat Jesus sich geopfert? Jesus hat sich geopfert, aber nicht als ein Sühnopfer für unsere Sünden. Er ist nicht geflohen, als es lebensgefährlich wurde. Er ahnte vermutlich, welches Unheil auf ihn zukommt, welches Unrecht sie an ihm verüben würden. Aber er hat standgehalten. Er ist den Ratschlägen, die man ihm gab, nur ja nicht nach Jerusalem zu gehen, nicht gefolgt. Er hat die ihm von Gott übergebene Botschaft nicht verleugnet. Insofern hat er sich geopfert. Er hat nicht seine Haut gerettet, aber seine Glaubwürdigkeit. So opfert er sich in den Märtyrertod.

»Für uns« geopfert? Jesus ist für uns gestorben, aber natürlich nicht als ein Sühnopfer für unsere Sünden. »Für uns« ist auch nicht zu verstehen in dem konkreten Sinne des bekannten Liedverses: »und hat auch an mich gedacht, als er rief: Es ist vollbracht!« (Albert Knapp, Eines wünsch ich mir vor allem andern) Er hat nicht an die Einzelpersonen unter den Menschen gedacht, als er starb. Dennoch kann man sagen: Er starb »für uns«.

Sein ganzes Leben mit seinem Wirken, seinen Worten und Taten, war gut für uns Menschen. Als es für ihn gefährlich wurde, stellte er seine riskante und mutige Predigt nicht ein, sondern blieb dabei, »für uns«, und ging also »für uns« in den Tod.

Haben Menschen ihn geopfert? Menschen haben ihn geopfert. Es gibt viele Antworten auf die Frage, warum Jesus gestorben ist. Die Sühnopfertheologie haben die Evangelisten nicht betrieben. Es gibt eine Reihe anderer theologischer Deutungen, die für uns wichtig sind. Doch diese theologischen Deutungen dürfen nicht verdecken, dass es nur eine reale historische Antwort auf die Frage gibt, warum Jesus tatsächlich gestorben ist: Weil Menschen ihn umgebracht haben, denen er nicht in den religiösen, gesellschaftlichen und politischen Kram passte. Sie haben ihn der Staatsraison geopfert, da sie seine Botschaft von der Liebe Gottes als gefährlich erlebten und aus ihrem Verantwortungsgefühl für das Ganze diese gefährliche Botschaft mitsamt dem Boten auslöschen wollten. Sie haben ihn geopfert, durch sie ist er gestorben. Nachdem sie an ihm dieses Unrecht verübt hatten, versuchten Christen, diesem Tod einen guten Sinn zu geben: Das zeitlich und logisch Erste ist die Tötung durch Menschen. Die theologischen Sinngebungen kamen danach als das Zweite.

9. Der Auferstandene

ALLE, DIE EINMAL einen geliebten Menschen verloren haben und damit große Hoffnungen und Erwartungen aufgeben mussten, können die Trauer nachfühlen, die sich nach Jesu Sterben ausgebreitet haben mag. Es beginnen für die Betroffenen kritische Tage, Wochen und Monate. Trauer braucht Zeit. Mit drei Tagen Trauer kommt keiner aus.

Jesu Tod als Ende der Hoffnungen Was mit den Jüngerinnen und Jüngern, mit den Freunden und Verwandten Jesu nach seiner Hinrichtung los war, kann man sich denken. Tiefe Resignation als Folge einer großen Enttäuschung bestimmte nach Karfreitag die Freundinnen und Freunde Jesu. Sie trafen sich, um sich zu stützen. Sie blieben eng beisammen, um in der Trauer nicht zu vereinzeln. Man kann gut verstehen, dass sie sich heimlich trafen und sich an ihren Treffpunkten einschlossen. Schließlich gab es Grund zu der Angst, ihnen könnte Ähnliches passieren wie Jesus.

Andere zogen einen richtigen Schlussstrich. Sie kehrten Jerusalem den Rücken, wohin sie kurz vorher mit Jesus in großer Erwartung aufgebrochen waren und kehrten wieder in die langweiligen und trostlosen Heimatorte zurück – so auch die beiden Jünger aus Emmaus. Sie hatten nach allem, was sie mit Jesus erlebt hatten, aus gutem Grund große Hoffnungen in ihn gesetzt. »Wir hofften, er sei es, der Israel erlösen würde.« (Lukas 24,12) Nun war die Hoffnung wie eine Seifenblase zerplatzt.

Wenn es bei dieser Enttäuschung geblieben wäre, wäre dieses Ende wirklich ein Ende gewesen. Gewiss hätte das eine oder andere Jesuswort oder die eine oder andere Legende durch die Jahrhunderte hindurch auch ihren Weg zu uns heute gefunden. So interessant wie St. Nikolaus und St. Martin war Jesus ja allemal, und mehr Erzählstoff gab es bei ihm ja wohl auch.

Auch von Sokrates weiß man, dass er wie Jesus für seine Überzeugungen gestorben ist. Manche meinen ihn deshalb in eine Reihe mit Jesus stellen zu können. Dagegen gibt es das alte Argument: Man könne den Tod des Sokrates nicht mit dem Tod Jesu vergleichen, schließlich sei Jesus ja als Opfer für unsere Sünden gestorben. Wäre es so, dann hätten die Jünger kein Recht gehabt, wirklich traurig zu sein. Ihre Trauer wäre dann eigentlich ein großer Irrtum gewesen. Denn nach Karfreitag hätten sie nur noch begreifen müssen, was auf Golgatha gültig geschehen ist: Wir sind erlöst! Christus hat sich für unsere Sünden geopfert. Nach der Selbstopferung Jesu ist nun alles in Ordnung. Durch Karfreitag ist das Heil geschenkt worden.

Aber so war es eben nicht. Mit Karfreitag begann keine Zeit des Heils. Es war eher eine heillose, eine ganz unglückliche Zeit. Die Hinrichtung Jesu war kein heilstiftendes Sühnopfer, sondern ein Justizverbrechen, eine vor allem politisch begründete Liquidation eine Unruhestifters. Es war ein sinnloses Ende eines großartigen Menschen.

Wenn an Karfreitag nach dem Tode Jesu ein Prophet aufgestanden wäre und gesagt hätte: »Liebe Jüngerinnen und Jünger, jetzt seid ihr durch den Opfertod Jesu erlöst!«, dann hätte ihn wohl keiner ernst genommen. Es gab eben keinen erkennbaren Sinn in diesem Tod; seine Hinrichtung war nur Unrecht und Unglück.

Wer nur Golgatha in den Blick nimmt, sieht viel zu wenig, sucht das Heilsereignis an der falschen Stelle. Golgatha ist nur eine Station, die letzte im irdischen Leben Jesu.

Die Auferstehung: das Alleinstellungsmerkmal Jesu Die Vorstellung, die Wende zu Ostern lasse sich dadurch erklären, dass die Jünger innerhalb von drei Tagen nach Jesu Tod ihre Trauerarbeit geleistet und dann beschlossen hätten, fröhlich weiterzumachen mit der Botschaft des gekreuzigten Jesu, ist denkbar unrealistisch.

Die Wende kam mit einem Ereignis, das menschlich nicht zu erwarten war und auf das auch der irdische Jesus wohl nicht gehofft hatte. Es geschah etwas, das wir – bis heute – nicht einfach in unsere Welt-Erfahrungen einorden können. Darum nennt man oft nur einen Termin: Ostern. Oder man gebraucht das Bild von der Auferstehung Jesu. Oder man spricht von seiner Auferweckung, aber bleibt im Übrigen ziemlich sprachlos, weil es ein unverständliches Ereignis ist.

Die Berichte darüber haben wir nur aus zweiter, dritter oder vierter Hand. Was genau geschehen ist, wissen wir nicht, aber die Nachwirkungen dieses Ereignisses sind umso sprechender.

Wenn ich der trockene Rationalist wäre, für den einige eifrige Verfechter der Sühnetheologie mich halten, weil ich nicht an das Sühnopfer Jesu glaube, dann müsste ich schnell am Thema Auferstehung vorübereilen. Denn es ist etwas vollkommen Irrationales, etwas nicht rational Fassbares, in mir bekannten Kategorien nicht Beschreibbares. Aber doch ist es sehr real. Es stört die Jünger abrupt in ihrer Trauerarbeit. Es bringt eine unerwartete Wende, für die keiner die passenden Worte hat. Aber genau dieses Ereignis ist die eigentliche Geburtsstunde des christlichen Glaubens, sein Kern, seine innere Kraft.

Um noch einmal auf Sokrates und seinen Tod zurückzukommen: Die Auferstehung Jesu ist das »Alleinstellungsmerkmal« Jesu gegenüber Sokrates und all den anderen großen Menschen, die für ihre Überzeugung gestorben sind und die natürlich unsere Achtung und Verehrung verdienen. Manches Wort von ihnen mag uns bisweilen zum »Gotteswort« werden, wenn es uns auf unserem Lebensweg weiterhilft. Aber das Ostern Jesu ist unvergleichlich und macht ihn unvergleichlich.

Zeugen und Legenden Paulus weist auf Zeugen der Auferstehung hin, »dass er gesehen worden ist von Kephas (= Petrus), danach von den Zwölfen, danach ist er gesehen worden von mehr als fünfhundert Brüdern auf einmal, von denen die meisten noch heute leben, einige aber sind entschlafen. Danach ist er gesehen worden von Jakobus, danach von allen Aposteln. Zuletzt ist er gesehen worden auch von mir.« (1. Korinther 15,3–8) Mit diesem Hinweis spielt Paulus auf das tiefgreifende Erlebnis vor Damaskus an, wo ihm der Auferstandene erschienen ist.

Die Evangelien nennen im Unterschied zu Paulus keine Zeitzeugen der Auferstehung. Sie erzählen Osterlegenden. Legenden sind vielleicht die geeignetste und beste literarische Form, mit dem Geheimnis dieses Ereignisses umzugehen. Es sind schöne und sehr tiefsinnige Legenden.

Man wüsste zwar gern, was denn wirklich geschah damals, am dritten Tag nach Karfreitag. Aber das wissen wir nicht. Und die Legenden helfen, das Rätsel dieses Ereignisses zu deuten.

Die Wirkung dieses Ereignisses war durchschlagend. Durch das, was die Jüngerinnen und Jünger erleben, erneuert und verändert sich ihr frustrierter Glaube zur Gänze. Historisch fassbar ist nur, dass die am Karfreitag völlig Fassungslosen wenige Tage später nicht mehr depressiv und traurig, aber gleichwohl verwirrt und fassungslos sind, weil sie erfahren, dass Jesus nicht im Tode geblieben ist, sondern sich ihnen als lebendig erwiesen hat. In der folgenden Zeit suchen und finden sie die Begriffe und Formeln dafür.

Durch Paulus kennen wir einen sehr alten Text. Er hat ihn in seinen Römerbrief eingebaut. Dieser hat eine klare Meinung von der Bedeutung der Auferstehung. Ostern hat mit dem Menschen (Römer 1,3–4: »Jesus Christus, unserm Herrn, geboren aus dem Geschlecht Davids nach dem Fleisch«) zu tun. Ostern bringt diesen Menschen in eine besondere Würde, in das Amt des Sohnes Gottes, denn er ist »durch die Auferstehung von den Toten als Sohn Gottes eingesetzt«, soll also ab sofort als der erwartete Messias gelten.

Durch Ostern bekommt das Leben Jesu ein ganz anderes Gewicht, eine geradezu göttliche Autorität. Denn Gott hat sich mit ihm durch die Auferweckung total identifiziert. Jetzt gilt erst recht, was vorher den Jüngern von einer Himmelsstimme gesagt war: »Dies ist mein lieber Sohn [...], den sollt ihr hören.« (Matthäus 17,5)

»Kreuz und Auferstehung«: eine viel zu kurze Formel Die Auferstehung ist kein vom Leben Jesu losgelöstes Ereignis, ist auch nicht nur Gottes Antwort auf die Hinrichtung Jesu. Insofern greift die Formel »Kreuz und Auferstehung« viel zu kurz. Denn die Auferstehung bestätigt das ganze Leben Jesu, sagt zum ganzen Leben Jesu das göttliche »Ja, den sollt ihr hören!« Das machen die Osterlegenden deutlich, weil sie einen zwar irgendwie anderen Jesus zeigen, der aber doch konsequent derselbe ist. Jesus bleibt wie im irdischen Leben der Freund der Rechtlosen und Sünder. Er erscheint zuerst Frauen als Zeugen seiner Auferstehung, die nach altem Recht nicht einmal zeugnisfähig waren.

Auch Petrus erscheint er, der ihn verleugnet hat. Er tritt in den Kreis der Jünger, die ihn schändlich verlassen haben. Aber er kommt nicht als Racheengel aus dem Tod zurück, sondern er grüßt sie mit den Worten: Schalom. Friede sei mit euch. Er kommt und isst mit ihnen, wie er so oft vorher mit ihnen gegessen hat. In der Legende von den Emmausjüngern knüpft er direkt an die Abendmahlsfeier am Abend vor seiner Hinrichtung an, feiert das alte Abendmahl in Emmaus erneut: »Er nahm das Brot, dankte, brach's und gab's ihnen [...]« (Lukas 24,30). Zuletzt erscheint er ausgerechnet Paulus, seinem Feind, der als Zeuge an der Steinigung des ersten christlichen Märtyrers Stephanus beteiligt war und die Christen eifrig verfolgte. Ausgerechnet ihn beruft er als seinen Apostel. Der Auferstandene ist kein anderer als der irdische Jesus – und doch ist etwas anders.

Es ist schon in Ordnung gewesen, vorher, Jesus mit einem Rabbi zu vergleichen, denn er lehrte das Wort und legte es aus. Es ist schon in Ordnung gewesen, vorher, ihn mit einem Propheten zu vergleichen, gerade auch deshalb, weil nach verbreiteter Ansicht die gerechten Propheten immer verfolgt waren von der jeweiligen Regierung. Und wir sollten uns nicht über den Islam mokieren, wenn dort Jesus als Prophet gesehen wird, denn das war er ja wohl auch.

Trotzdem: Seit Ostern genügt es nicht, Jesus als Rabbi oder Prophet zu bezeichnen, denn er ist mehr, ist anderes.

Wie soll man Jesus nennen? Dieses Ereignis ist zu groß, zu überraschend. Als Auferstandener passt er jetzt erst recht in keinen üblichen Rahmen mehr. Wie soll man von ihm reden? Wer ist er denn nun wirklich gewesen, dieser Jesus Christus? Es verschlägt einem zunächst die Sprache, bevor die Christen sich suchend vorantasten. Dann aber kommt eine Zeit, in der Begriffe, Bilder, Vergleiche und Interpretationen nur so sprudeln. Man braucht sie, um das Geheimnis dieser Person wenigstens ungefähr einzufangen.

Ob sie ganz systematisch suchten damals? Das glaube ich weniger. Von Fall zu Fall fand man ein Bild, einen Vergleich, einen Namen, einen Begriff. Man probierte alles Mögliche aus, obwohl man spürte: Irgendwo hinkt jedes Bild.

Der eine einzig richtige Ausdruck wird nicht gefunden. Den kann es auch nicht geben. Darum behält man Vieles, sehr Verschiedenes und dabei auch Widersprüchliches, nebeneinander in Gebrauch. Manches, wie z. B. die Metapher »Sohn Gottes«, wurde von unterschiedlichen Leuten zu unterschiedlichen Zeiten und an unterschiedlichen Orten ganz unterschiedlich verstanden.

Es gab Zeiten, da hat es mir ziemlichen Verdruss bereitet zu sehen, dass in der Bibel so uneinheitlich von Jesus geredet wird. Heute verstehe ich, warum das so ist. Jesus hat mit seinem Leben und Reden und dann vor allem mit der Auferstehung alle bisherigen Formate gesprengt. Er war so anders und so besonders. Die Vielfalt der Bilder signalisiert nicht Unklarheit und Unsicherheit wegen der Bedeutung Jesu für uns Menschen, sondern das Ungenügen der menschlichen Sprache gegenüber diesem großen göttlichen Wunder.

Hier seien nun einige der wichtigen Namen, Titel, Vergleiche, Bilder, Metaphern als Beispiele genannt: *A und O, Brot des Lebens, Christus, Erlöser, Freund, Friedefürst, Gesalbter, Heiland, guter Hirte, Hohepriester, König der Juden, König von Israel, Lamm Gottes, Licht der Welt, Menschensohn, Messias, Opfer, Retter, Salz der Erde, Sohn Gottes, Wahrheit, Weinstock* und vieles mehr.

Wie unsystematisch diese Bildersuche vorging, zeigt z. B. die Geschichte über die Berufung der ersten Jünger Johannes 1,35–51. Da wird Jesus zunächst Gottes Lamm genannt. Aber sofort danach gibt es ganz andere Bezeichnungen: *Rabbi, Meister, Messias, Gesalbter, Josefs Sohn aus Nazareth, Gottes Sohn, König von Israel, Menschensohn.* So viele verschiedene Bezeichnungen für Jesus in 17 Versen:

*»35 Am nächsten Tag stand Johannes abermals da und zwei seiner Jünger;
36 und als er Jesus vorübergehen sah, sprach er: Siehe, das ist Gottes Lamm!
37 Und die zwei Jünger hörten ihn reden und folgten Jesus nach. 38 Jesus
aber wandte sich um und sah sie nachfolgen und sprach zu ihnen: Was sucht ihr? Sie aber sprachen zu ihm: Rabbi – das heißt übersetzt: Meister –, wo ist deine Herberge? 39 Er sprach zu ihnen: Kommt und seht! Sie kamen und sahen's und blieben diesen Tag bei ihm. Es war aber um die zehnte Stunde.*

40 Einer von den zweien, die Johannes gehört hatten und Jesus nach-
gefolgt waren, war Andreas, der Bruder des Simon Petrus. 41 Der findet
zuerst seinen Bruder Simon und spricht zu ihm: Wir haben den Messias
gefunden, das heißt übersetzt: der Gesalbte. 42 Und er führte ihn zu Jesus.
Als Jesus ihn sah, sprach er: Du bist Simon, der Sohn des Johannes; du sollst
Kephas heißen, das heißt übersetzt: Fels.

43 Am nächsten Tag wollte Jesus nach Galiläa gehen und findet Philip-
pus und spricht zu ihm: Folge mir nach! 44 Philippus aber war aus Bet-
saida, der Stadt des Andreas und Petrus. 45 Philippus findet Nathanael
und spricht zu ihm: Wir haben den gefunden, von dem Mose im Gesetz
und die Propheten geschrieben haben, Jesus, Josefs Sohn, aus Nazareth. 46
Und Nathanael sprach zu ihm: Was kann aus Nazareth Gutes kommen!
Philippus spricht zu ihm: Komm und sieh es!

47 Jesus sah Nathanael kommen und sagt von ihm: Siehe, ein rechter
Israelit, in dem kein Falsch ist. 48 Nathanael spricht zu ihm: Woher kennst
du mich? Jesus antwortete und sprach zu ihm: Bevor Philippus dich rief, als
du unter dem Feigenbaum warst, sah ich dich. 49 Nathanael antwortete
ihm: Rabbi, du bist Gottes Sohn, du bist der König von Israel! 50 Jesus
antwortete und sprach zu ihm: Du glaubst, weil ich dir gesagt habe, dass
ich dich gesehen habe unter dem Feigenbaum. Du wirst noch Größeres als
das sehen. 51 Und er spricht zu ihm: Wahrlich, wahrlich, ich sage euch: Ihr
werdet den Himmel offen sehen und die Engel Gottes hinauf- und herab-
fahren über dem Menschensohn.«

Es war eine große geistige Leistung der Inkulturation, eine solche Vielfalt von Bildern zu finden. Sie ermöglichten es erst, das Evangelium in das Denken und Reden der Menschen der damaligen Zeit einzupflanzen. Einen großen Schatz mit vielen Deutungsvorschlägen hat uns die alte Kirche hinterlassen. Trotzdem hörte diese »Bildersuche« nicht auf und muss auch heute weitergehen.

Leider sind die Christen im Verlauf der Zeit der Gefahr erlegen, die Vielfalt der Bilder einzuschränken und zurückzudrängen. Während in den ersten Jahrhunderten des Christentums noch viele Bilder wie der gute Hirte, der Weinstock, das Licht der Welt usw. sehr lebendig waren, trat im Mittelalter leider das in der Bibel nur sehr schwach bezeugte Bild von Jesu Sühnopfertod für unsere Sünden in den Mittelpunkt. Seit Anselm von Canterbury behielt diese Anschauung für Jahrhunderte den Spitzenplatz.

Übrigens wird auch in den Kunstdarstellungen dieser Zeit Christus immer stärker als der am Kreuz für unsere Sünden bitterlich Leidende dargestellt.

»Alt geht, Neu bleibt« In all den Bildern, Vorstellungen und Interpretationen ist das Neue und Wichtige, das Jesus gebracht hat, enthalten. Aber natürlich kann darin auch das enthalten sein, was auf Jesus nicht passt, was nicht zum christlichen Glauben dazugehören muss, sondern aus einem außerchristlichen Denken und Glauben stammt. Diese Unterscheidung ist manchmal sehr wichtig.

Daraus habe ich mir eine Regel gebastelt, die ich einfachheitshalber so nenne: Alt geht, Neu bleibt. Diese Regel ist mir im Umgang mit einigen der Bildern wichtig. Diese Bilder bestehen ja bisweilen aus zwei Komponenten.

Unter dem »Alten« verstehe ich das an den christlichen Metaphern und Bildern, was aus vorchristlicher Zeit oder außerchristlichen Bezügen stammt. Das können Vorstellungen, Erwartungen, Hoffnungen sein, auch Inhalte und Denkmuster, die mit dem christlichen Glauben nichts zu tun haben. Es mag sein, dass sie zum heutigen Denken überhaupt nicht passen, obwohl sie von den Menschen der Antike als einleuchtend empfunden wurden. Mit diesen »alten« Elementen können sich dann die »neuen« christlichen Inhalte verbinden. Das ist die Aufgabe der wichtigen Inkulturation. Aber bedeutsam für unseren Glauben heute sind nicht die »alten« Bestandteile nach dieser Inkulturation. Wenn sie uns nichts mehr sagen, dann können wir diese Anteile getrost weglegen, »gehen« lassen. Das ist das »Alte«, das geht.

Mit dem »Alten« verbindet sich das »Neue«, die christliche Botschaft. Sie wird sich den Vorstellungen, Erwartungen und Hoffnungen der Menschen anpassen. Das Evangelium fügt etwas »Neues« hinzu, eine Antwort, eine Erfüllung der Hoffnung, ein Versprechen, einen veränderten Inhalt in dem alten Denkmuster. Dieses »Neue«, das sich durch das Evangelium auf die alten Erwartungen setzt, ist für uns am

Bildwort das Wichtige. Es ist das, was unbedingt beachtet werden sollte. Das »Alte« mögen vielleicht Vorstellungen sein, die wir heute nicht teilen, auch nicht teilen können, weil sie zu einem überholten Denken gehören. Wer trotzdem, etwa aus Treue zur Bibel, an dem »Alten« festhält, macht eventuell die Botschaft zu etwas für heutige Menschen Unannehmbarem. Es ist deshalb nötig, das »Alte« herausnehmen, ohne gleichzeitig das »Neue« mit verschwinden zu lassen. Nur so kann das »Neue« umso schärfer erkannt werden. Ich will an drei Beispielen die Regel »Alt geht, Neu bleibt« erläutern.

1. »Der Menschensohn ist nicht gekommen, dass er sich dienen lasse, sondern dass er diene und gebe sein Leben als Lösegeld für viele.« (Markus 10,45) Hinter diesem Wort steht die in der Antike verbreitete Vorstellung, wir Menschen seien durch irgendwelche himmlischen bösen Mächte und Dämonen gefangen genommen und versklavt. Aus der Hand dieser Mächte kann man nur erlöst werden, wenn einer – wie bei einer Entführung heute – ein Lösegeld zahlt.

Auf diese »alte« Vorstellung setzt sich das »Neue« und passt sich dabei an: Jesus hat sein Leben als Lösegeld an die Dämonen gegeben. Er hat sein »Leben als Lösegeld für viele« bei den Dämonen eingezahlt. Er hat uns freigekauft.

Dass Erlösung ein Geschäft ist, bei dem wir durch die Überstellung eines Menschen freigekauft werden, ist eine sehr alte Vorstellung. Als Bild ist es interessant. Dass Jesus tatsächlich eine Lösegeldzahlung an Dämonen war, ist in unseren Augen eine absurde Zumutung. Diese Vorstellung ist für uns das »Alte, das geht«. Diese Vorstellung brauchen wir heute nicht zu übernehmen.

»Neu« ist der Glaube, dass Jesus erlöst und frei macht. Die alte Vorstellung können wir getrost aufgeben. Aber an der Botschaft, dass das Evangelium von schlechten Bindungen und Abhängigkeiten befreit, sollten wir unbedingt festhalten. Denn tatsächlich erfahren immer wieder Menschen bis in unsere Tage, wie in konkreten Situationen der Glaube an Jesus befreiend und erlösend wirkt.

Es sei hier nur noch einmal darauf hingewiesen, dass die Vorstellung von einem Lösegeld, das an versklavende Mächte gezahlt wird, nichts zu tun hat mit einer Vorstellung von einem Opfer an Gott zur Vergebung der Sünden. Dies sind zwei verschiedene Bilder unter sehr vielen anderen Bildern.

2. »Er hat den Schuldbrief getilgt, der mit seinen Forderungen gegen uns war, und hat ihn weggetan und ans Kreuz geheftet.« (Kolosser 2,14f.) Nach dieser Vorstellung sind wir bei gottähnlichen und widergöttlichen Mächten (also nicht bei Gott!) hoch verschuldet. Eine Art virtueller Schuldbrief beweist das. Aber Gott blamiert diese Mächte und Gewalten öffentlich, indem er den Schuldschein vernichtet, ihn wegtut, aber nicht in den Papierkorb wirft oder ins Feuer, sondern ans Kreuz (Christi) heftet.

Das »Alte« an diesem Bild ist die Vorstellung, dass wir bei »Mächten und Gewalten« hoch verschuldet sind, dass ein Schuldbrief durchs Anheften ans Kreuz vernichtet wird. Das ist als Bild interessant. Aber die Vorstellung, dass es da tatsächlich einen Schuldbrief gäbe, der ans Kreuz Jesu geheftet und damit ungültig gemacht würde, ist abwegig. Auf diese Vorstellung können wir verzichten, wir müssen nicht an den Schuldbrief glauben.

Das »Neue« ist, dass wir den vielen »Mächten und Gewalten«, die sich in unserer Welt so groß aufspielen und Herrschaft über uns gewinnen wollen, zu nichts verpflichtet sind. Wir sind »entschuldet«, unabhängig von ihnen und frei.

Auch dieses Bild hat nichts zu tun hat mit einem Sühnopfer für unsere Schuld gegenüber Gott. Es sind zwei verschiedene Bilder in einer Fülle anderer Bilder.

3. Es gehört nicht viel Phantasie dazu, sich Folgendes auszudenken: Eine Gruppe von Priestern aus dem Tempel zu Jerusalem hört den Aposteln zu und lässt sich für den Glauben an Jesus Christus gewinnen (Apostelgeschichte 6,7: »Es wurden auch viele Priester dem Glauben gehorsam.«)

Diese Priester waren Priester und dachten wie Priester. Daran änderte sich auch nichts, als sie zum christlichen Glauben fanden. Sie trugen in sich die herkömmlichen Vorstellungen von Sühnopfern, zum

Beispiel die Überzeugung, dass ohne Sühnopfer keine Vergebung der Sünden möglich sei. Oder positiv formuliert: dass nur durch ein Sühnopfer die Vergebung der Sünden möglich sei.

Nun finden sie zu Jesus Christus, dem Gekreuzigten. Es ist vielleicht für sie nur ein ganz kurzer Gedankenschritt, eine durch und durch schlüssige Überlegung und Folgerung: Jesus ist ein Opfer für unsere Sünden. Und dieses Opfer ist ein einmaliges Opfer, ein Opfer, das alle anderen Opfer weit überragt, ja überflüssig macht.

Dieses alte Muster, wonach es keine Vergebung ohne Sühnopfer gibt, müssen wir nicht übernehmen. Das müssen wir nicht glauben; ich glaube es jedenfalls nicht. Damit ist auch die logische Folge hinfällig: Jesus ist das Sühnopfer, ohne das es nicht geht. Die zeitgebundene Metapher also, auf die ich verzichte, das »Alte«, das ich wegnehme, ist die Grundüberzeugung der Priester: keine Vergebung ohne Sühnopfer. Das ist das »Alte«, das wir ruhig gehen lassen können, von dem wir uns verabschieden können.

Aber das »Neue« ist eine bleibend gültige Erkenntnis: Die Sünden sind durch Gottes Liebe vergeben. Gott ist Quelle der Vergebung. Opfer sind dazu nicht nötig.

10. Paulus – vom Schriftgelehrten zum christlichen Theologen

EIN GROSSER JÜDISCHER THEOLOGE ist Paulus wohl schon vorher gewesen. Zum christlichen Theologen musste er erst noch werden.

Kurz vor Damaskus: die Offenbarung des Evangeliums Das Schlüsselerlebnis und die Wende war eine Offenbarung in der Nähe von Damaskus. In der Apostelgeschichte wird darüber erzählt (Apostelgeschichte 9,3ff.): »..als er auf dem Wege war und in die Nähe von Damaskus kam, umleuchtete ihn plötzlich ein Licht vom Himmel und er fiel auf die Erde und hörte eine Stimme, die sprach zu ihm: Saul, Saul, was verfolgst du mich? Er aber sprach: Herr, wer bist du? Der sprach: Ich bin Jesus, den du verfolgst.«

Paulus selbst berichtet darüber sehr zurückhaltend, aber dennoch eindeutig: »Als es Gott wohlgefiel, [...] dass er seinen Sohn offenbarte in mir, damit ich ihn durchs Evangelium verkündigen sollte [...]« (Galater 1,15f.). In einer Christusvision erlebt Paulus also Jesus Christus als den Auferstandenen. Dieses Ereignis ist für ihn die Offenbarung des Evangeliums (Galater 1,12: »nicht von einem Menschen empfangen, sondern durch eine Offenbarung Christi«). Durch diese Vision wird er zum Apostel, der das Evangelium verkündigt. Die Auferstehung Jesu und seine Auswirkungen sind für ihn seitdem das Ereignis, aus dem sein Denken und Glauben ihre Kraft bekommen (Römer 1,16: »das Evangelium [...] ist eine Kraft Gottes«).

Zugestanden: Paulus kennt den Sühnopfergedanken Paulus ist in seinen Briefen nicht immer leicht zu verstehen. Da gibt es Stellen, die in der Übersetzung als klar und eindeutig erscheinen, aber im Urtext viel schwieriger zu verstehen sind und keine sichere Deutung zulassen. So wird oft auf Römer 3,25 (»Gott hat Christus für den Glauben hingestellt als Sühne in seinem Blut zum Erweis seiner Gerechtigkeit, indem er Sünden vergibt.«) als eine Kernstelle hingewiesen, wenn man zeigen will: Paulus glaubt an den Sühnetod Jesu für unsere Sünden. Dieser Vers gibt den Auslegern manche Nuss zu knacken. In den wissenschaftlichen Kommentaren wird diese Stelle immer ausführlich diskutiert.

Das Problem besteht darin, dass das griechische Wort, das bei Luther mit »Sühne« übersetzt wird, eigentlich einen Gegenstand meint, den Deckel auf der Kiste mit den Zehn Geboten im Allerheiligsten. Dort musste jährlich durch einen Blutritus die Reinigung des Allerheiligsten erwirkt werden. Was heißt das aber, wenn Jesus mit dem Deckel auf der Kiste der Zehn Gebote verglichen wird, wo diese Reinigung stattfindet? Für mich ist nach diesem Text dieser Deckel das Bild für Jesus als der Ort, an dem Reinigung durch das Blut stattfindet. Was immer das meint: Eine Sühnopfertheologie ist das jedenfalls nicht. Es ist hier nicht vom Sühnopfertod Jesu die Rede.

Doch trotz meines Zweifels will ich von dieser Stelle an in diesem Buch den Andersdenkenden zugestehen: Paulus kennt den Sühnopfergedanken, zumal es weitere Stellen gibt, die man dem Sühnopfergedanken zurechnen kann. Ohne Paulus hätte Anselm von Canterbury wohl nie seine Sühnopfertheorie entwickeln können.

Dieses Zugeständnis tut meiner Argumentation, dass wir nicht an den Opfertod Jesu für unsere Sünden glauben müssen, nicht weh. Denn selbst bei Paulus und erst recht im Neuen Testament insgesamt ist die Sühnopfertheorie nur eine unter vielen Interpretationen des Kreuzes Christi – und nicht die wichtigste! Sie ist nur ein zweitrangiges Angebot an uns, den Tod Jesu als Heilsereignis zu verstehen.

Überhaupt ist das Kreuz in seiner Bedeutung bei Paulus der Auferstehung nachgeordnet. Zuerst begegnet Paulus in seiner Vision dem Auferstandenen. Danach wendet er sich der Frage des Kreuzes zu. Die Auferstehung Jesu ist Mitte und Zentrum des Evangeliums und nicht das Kreuz.

Die neue Mitte: die Auferweckung Jesu und das neue Leben

Wundern Sie sich bitte nicht, wenn Sie versuchen, einen Paulusbrief zu lesen, und merken, dass darin vieles sehr fremd klingt. Es ist ja auch fremd! Die Paulusbriefe sind rund 2000 Jahre alt, und er ist wohl der schwierigste aller biblischen Schriftsteller. Auch ich verstehe vieles bei Paulus nicht. Andererseits ist mir manches einsichtig, nachvollziehbar und verständlich geworden.

So meine ich verstanden zu haben, dass für Paulus die Christusvision Wurzel und Mitte seines Evangeliums ist. Wenn ich Paulus verstehen will, werde ich es immer zuerst mit dem Schlüssel seiner Christusvision versuchen. Nicht, was er von der Sünde weiß (und darüber meint er leider erschreckend viel zu wissen!) oder vom Menschen an sich, auch nicht, was er von alten biblischen Traditionen aufnimmt, führt zum Verstehen des Evangeliums. (Es sei denn, wir können es zur Mitte seines Evangeliums in Beziehung setzen.) Das neue Leben in der Kraft des Auferstandenen ist für Paulus das Wichtigste und darum für uns der Angelpunkt des Verstehens.

Paulus ist ein Christ geworden durch das Erlebnis vor Damaskus. Wodurch aber ist er der große Theologe geworden, als den wir ihn so hoch einschätzen? Im Folgenden nehmen wir vier verschiedene Möglichkeiten in den Blick.

1. Die Christusvision Die stärkste Prägung geht mit Sicherheit von dem Offenbarungserlebnis selbst aus, über das wir oben schon gesprochen haben. Ganz entscheidend bei diesem Erlebnis ist die Erfahrung der Gnade. Paulus war zunächst ein Feind der Christen, verfolgte sie entschlossen. Damit war er natürlich auch ein Feind Christi.

Und ausgerechnet ihm, dem Feind, begegnet Christus und beruft ihn zum Apostel! Christus kommt nicht als strafender Rächer, nicht als himmlischer Ankläger. Für Paulus wird Christus die personifizierte Gnade Gottes. Paulus weiß jetzt genau, was Gnade ist. Diese Gnade wird er danach in seinen Briefen immer wieder und in ganz unterschiedlichen Bezügen rühmen. Schon in seinem Offenbarungserlebnis ist diese Kernbotschaft von der Gnade Gottes enthalten.

2. Vom irdischen Jesus hat Paulus leider nichts gelernt Wenn ihm Jesus Christus offenbart worden ist, sollte Paulus doch eigentlich interessieren, wer dieser Jesus Christus in seinem Leben vor der Auferstehung gewesen ist. Aber von mehr als seiner Kreuzigung scheint Paulus nichts gewusst zu haben. Ein Interesse am Leben Jesu ist nicht zu erkennen. Ich kann nicht erklären, warum das so ist. Deshalb reduziert sich bei Paulus das Gesamtleben Jesu auf die Auferstehung und natürlich auf die Kreuzigung, ohne die es die Auferstehung nicht geben kann. Er hat darum sein Offenbarungserlebnis auch nicht vom irdischen Jesus her interpretieren können. Viele wichtige christliche Dimensionen und Aspekte fehlen bei Paulus. Es erklärt eine gewisse Einseitigkeit seiner Theologie. Gut, dass später die vier Evangelisten diese Engführung durch ihre Evangelien korrigiert haben.

3. Das Gespräch mit anderen Christen Geprägt haben ihn sicherlich die Beziehungen zu anderen Christen. Paulus schildert im Galaterbrief, dass er zunächst viel Zeit verstreichen ließ, bevor er Kontakt zu den wichtigsten Aposteln wie Petrus in Jerusalem aufnahm. Aber in der Zwischenzeit muss er mit Christen zusammengekommen sein. Die Apostelgeschichte stellt das so dar, dass Paulus sehr bald Kontakt zu Menschen bekam, die ihn in den christlichen Glauben einführten. So soll Paulus durch den heiligen Geist Gottes mit Hananias, einem Christen in Damaskus, zusammengebracht worden sein, der ihn wenig später tauft. Er und andere Christen mögen Paulus den christlichen Glauben erklärt haben. Sie werden ihm einige der vielen Interpretationen und Deutungen der Person Jesu und seiner Hinrichtung weitergegeben haben. Wie selbstverständlich fügt Paulus in seine Texte viele dieser Bilder, Vergleiche, Metaphern ein, die in den christlichen Gemeinden bekannt und gebräuchlich waren. Man hat ihm auch einige feststehende Traditionsstücke übergeben, die er zitiert, weil er sie auswendig kann. Dazu gehören z.B. die Abendmahlsworte (1. Korinther 11,25ff.). Paulus war als Theologe nicht der große, einsame Einzelgänger, sondern er ist deutlich mit dem Denken der frühen Christenheit verbunden.

4. Die rabbinische Tradition Nun kommen wir aber noch zu einer anderen Quelle, die Paulus benutzt hat, um zu seiner persönlichen Interpretation der Christusvision zu finden. Paulus war schon, bevor er Christ wurde, ein hochgelehrter jüdischer Theologe, ein in rabbinischem

Denken geschulter Mensch. Paulus hatte wohl sehr gefestigte theologische Überzeugungen in sich, die er nicht einfach aufgab und weglegte, als er Christ wurde. Die Christusoffenbarung fängt bei ihm nicht am Nullpunkt an. Paulus versuchte vielmehr, sein altes Denken und die neue Erfahrung miteinander zu verbinden. Das war seine große theologische Arbeit, für die er längere Zeit brauchte, bevor er an die Öffentlichkeit trat. Er entwickelte eine ganz eigene Interpretation von Tod und Auferstehung Christi, also eine weitere in der Reihe der Deutungen. Diese steht deutlich in der Tradition einer rabbinischen Schriftgelehrsamkeit. Das unterscheidet ihn von anderen Schriftstellern des Neuen Testaments.

Wenn wir uns jetzt der Theologie des Paulus zuwenden, wollen wir darauf achten, ob er nicht auch ein typischer Fall für die oben eingeführte Arbeitsformel ist: »Alt geht, Neu kommt«. Wir müssen prüfen, ob es in seiner Theologie »Altes« gibt, das er aus seiner Tradition mitbringt und das wir heute nicht übernehmen müssen, und ob es »Neues« gibt, ein durch die Christusvision entstandenes »Neues«, das durch das »Alte« leider entstellend überformt worden ist.

Paulus und die Erlösung des Menschen Wir greifen hier nur einen Strang der paulinischen Theologie auf. Dazu will ich jetzt versuchen, in sechs Schritten in einfacher (und vereinfachter) Weise zu beschreiben, was Paulus von der Erlösung des Menschen durch Christus denkt.

1. Adam und die Sünde Adam ist für Paulus der erste Mensch. Mit ihm beginnt die Geschichte der Menschheit. Wir deuten die Geschichte von Adam heute als einen Mythos, doch für Paulus ist sie reales Geschehen. Daraus folgt, daß auch die Sünde des Adam real ist. Gemeint ist mit der Sünde sicherlich, dass er Gott nicht gehorcht hat. Real in den Augen des Paulus ist, dass von Adam her nun Böses überall hinkommt, wo Menschen leben, bis in die Gegenwart. Das ist für Paulus ein unbezweifelbares Faktum, dass alle Nachkommen Adams Sünder sind, weil der Urvater gesündigt hat. Durch Adam ist die Sünde auf alle Menschen gleichsam vererbt worden. (Römer 5,15: »durch einen Menschen die Sünde in die Welt gekommen«).

2. Der Tod, der Sünde Sold Mit der Sünde kommt nun der Tod über die Menschen. Dieser Tod als der Sünde Sold ist auch Todesstrafe für die Sünder (Römer 6,25: »Der Sünde Sold ist der Tod.«) Paulus redet auch vom Zorn Gottes über die Sünder und von seinem Strafgericht.

Aber das ist nur ein Aspekt. Die Sünde muss nicht nur bestraft werden. Sie muss auch beseitigt, ausgelöscht werden. Es ist wie mit einem infizierten Tuch, das man am besten durch Verbrennen unschädlich macht. Wer so ein Tuch verbrennt, will damit nicht das Tuch bestrafen, sondern die Krankheit beseitigen. Nur durch das Sterben des Sünders wird die an ihm klebende Sünde vernichtet. Der Tod ist vor allem eine Notwendigkeit, um die Sünde zu beseitigen. Der Tod schlägt den Sünder, um die Sünde zu treffen.

3. Unsere Sünden sterben mit Jesus Jesus wird Mensch. Durch die Menschwerdung wird er von der Sünde der Menschen gleichsam infiziert. Nun klebt auch an ihm die schreckliche Menschheitssünde, die von Adam her kommt. Diese Bilder »er ist infiziert«, »Sünde klebt an ihm« gebraucht Paulus natürlich nicht. Es sind meine Bilder, mit denen ich Paulus verständlicher machen möchte. Der Originalton bei Paulus: »Gott hat den, der von keiner Sünde wusste, für uns zur Sünde gemacht […]«. (2. Korinther 15,21) Jetzt gilt auch für Jesus: »Der Tod ist der Sünde Sold«.

Jesus muss sterben wie alle Sünder, weil seit Adam das Gesetz gilt: Ihr Menschen seid Sünder und darum dem Tode verfallen. Aber es geschieht nach Paulus dabei etwas sehr Erfreuliches: Als Jesus stirbt, stirbt die an ihm klebende Menschensünde mit. Wir sind zwar noch nicht erlöst. Aber die Sünde ist gestorben, vernichtet, ausgelöscht.

Paulus sagt nach diesem Denkmodell nicht: Jesus ist für unsere Sünde gestorben. Sondern er sagt: Unsere Sünde ist mit ihm gestorben, und darum sind wir unsere Sünden los. Das ist ein Bild, das mit Sühnopfer nichts zu tun hat. (Römer 6,6ff.: »Wir wissen ja, dass unser alter Mensch mit ihm gekreuzigt ist, damit unser Leib der Sünde vernichtet werde, dass wir hinfort der Sünde nicht mehr dienen. Denn wer gestorben ist, der ist frei von der Sünde […]«)

4. Nicht der Tod Jesu, sondern seine Auferstehung bringt die Erlösung Aber das Sterben Jesu ist noch keine Erlösung für die Menschen, meint Paulus. Mit dem Tod Jesu an sich ist noch keine Erlösung von den Sünden geschehen. Jesus ist eben kein Sühnopfer nach dem Jerusalemer Modell. Man stelle sich den absurden Gedanken vor, im Jerusalemer Tempel müssten die Opfertiere erst wieder lebendig werden, bevor das Sühnopfer gilt. Während im Jerusalemer Tempel mit dem Tod und der Opferung eines Tieres bei einem Sühnopfer die Sühnehandlung so gut wie abgeschlossen ist, braucht es bei Jesus dazu die Auferstehung.

Darum ist mit dem Tode Jesu der Sünder nicht wirklich erlöst. Das Entscheidende fehlt: die Auferstehung Jesu. Aber wenn unser »Sündenleib« mit ihm stirbt, glauben wir auch, »mit ihm« durch die Auferstehung zu leben. Darauf kommt es an. (Römer 6,7: »Sind wir aber mit Christus gestorben, so glauben wir, dass wir auch mit ihm leben werden.«)

Hier wird von vielen das Bild vom »Wechsel« und »Tausch« hineingedeutet: Jesus tritt an die Stelle der Sünder (»Gott hat den, der von keiner Sünde wusste, für uns zur Sünde gemacht [...]«), damit wir Sünder an seine Stelle des Gerechten treten (»[...] auf dass wir würden in ihm die Gerechtigkeit, die vor Gott gilt«; 2. Korinther 5,21). Hier wird traditionell vom »fröhlichen Wechsel« gesprochen.

Aber es ist kein Wechsel. Es ist nicht so, dass Jesus dort steht, wo unser Platz wäre, und wir stehen, wo Christi Platz wäre. Nein, wir sind mit ihm verbunden, er verbindet sich mit uns als der Gestorbene. Und er verbindet sich mit uns als der Auferstandene, in der neuen Gerechtigkeit Gottes. Es ist kein Tausch, sondern eine enge Verbindung. Jesus bezieht uns in sein Schicksal des Sterbens und Auferstehens hinein. Nicht tritt er an unsere Stelle und wir dann an seine, sondern er nimmt uns Sünder, unseren »Sündenleib«, in seinen Tod und auch in sein Auferstehen hinein.

Gestorben ist Jesus als durch Adams Sünden »infizierter« Sünder mitsamt unseren Sünden. Aber erst die Auferweckung Jesu in eine neue andere Lebendigkeit bedeutet für uns die Erlösung (Römer 4,25: »Er ist um unserer Sünde willen dahingegeben und um unserer Rechtfertigung willen auferweckt«). Diese Erlösung durch die Auferstehung führt in ein neues Leben. Das ist Paulus viel wichtiger als das Sterben Jesu.

Einmal zitiert Paulus ein altes Traditionsstück. Darin wird gesagt, dass Jesus für unsere Sünden gestorben sei (1. Korinther 15,3). Aber wenig später korrigiert er sich und schließt das Missverständnis aus, als sei der Tod Jesu ein Erlösungsgeschehen. Denn Erlösung geschieht durch die Auferstehung (1. Korinther 15,17: »Ist Christus nicht auferstanden, so [...] seid ihr noch in euren Sünden.«)

5. Herrschaftswechsel: von der Sünde zur Gnade Durch die Auferstehung Christi werden wir zu einem neuen Leben berufen, das durch Glaube, Liebe und Hoffnung bestimmt ist, meint Paulus. Es ist Leben unter dem »Gesetz des Geistes« statt unter dem »Gesetz der Sünde«. Herrschte vorher die Sünde, die den Tod bringt, so herrscht jetzt die Gnade, die das Leben bringt (Römer 5,21: »damit, wie die Sünde geherrscht hat zum Tode, so auch die Gnade herrsche durch die Gerechtigkeit zum ewigen Leben durch Jesus Christus, unsern Herrn.«). Paulus beschreibt das also als eine Art Herrschaftswechsel.

6. Was verbindet uns mit dem Sterben und Auferstehen Jesu? Damit wir das Heil bekommen, das Jesus bringen will, müssen wir mit seinem Sterben und Auferstehen verbunden werden. Diese Verbindung stellt sich Paulus so vor:

- Die Taufe bewirkt die Verbindung mit Jesus. Wir sind durch die Taufe so in ihn eingepflanzt, dass wir, d. h. unser »Sündenleib«, mit ihm sterben. So aber bekommen wir durch seine Auferstehung auch Anteil an dem neuen Leben. (Römer 6,3f.: »Wisst ihr nicht, dass alle, die wir auf Christus Jesus getauft sind, die sind in seinen Tod getauft? So sind wir ja mit ihm begraben durch die Taufe in den Tod, damit, wie Christus auferweckt ist von den Toten durch die Herrlichkeit des Vaters, auch wir in einem neuen Leben wandeln [sollen].«)

- Diese Verbindung bewirkt aber auch der Glaube, durch den wir am neuen Leben Jesu Anteil bekommen. (Römer 3,28: »So halten wir dafür, dass der Mensch gerecht wird [...] allein durch den

Glauben«; Römer 4,24: »uns […] soll es zugerechnet werden, wenn wir glauben an den, der unsern Herrn Jesus Christus auferweckt hat von den Toten«.)

Wir haben in dieser kleinen Einführung in einen Teil der Theologie des Paulus gesehen, dass Paulus eine ganz eigenartige Vorstellung von dem Tode Jesu hat. Es ist eine weitere Interpretation neben den vielen anderen, die uns erklären wollen, wie Jesus uns das Heil gebracht hat. Eine Sühnopfertheologie ist das allerdings nicht.

Gerade wenn Sie die Ausführungen verstanden haben, werden Sie Zweifel haben. Gibt es da nicht ein paar grundlegende Behauptungen, die wir heute nicht akzeptieren können oder wollen?

Was ich heute Paulus nicht glauben kann Paulus könnte mich durch seine Argumente durchaus gewinnen. Doch es gibt einige grundlegende Gedanken, die ich nicht teile. Und wenn man diese Säulen aus der Architektur seines Gedankengebäudes herausnimmt, muss man genau hinsehen, ob es noch stabil steht.

Vor allem habe ich Probleme mit dem, was ich oben unter Punkt 1 (Adam ist der erste Mensch und Ahnherr aller Menschen, durch den die Sünde auf alle gekommen ist) und Punkt 2 (der Tod ist für alle die Strafe der Sünde) dargestellt habe.

Adam war nicht der erste Mensch, dessen Sünde auf uns vererbt wurde Für Paulus gehören wir alle zu Adam. Adams Sünde (eigentlich eine Lappalie, das Essen der verbotenen Frucht!) ist nicht nur seine Sünde, sondern bezieht uns alle mit ein. Diese generelle Vererbung von Sünde ist für mich undenkbar und wird von keinem mir bekannten Menschen ernsthaft als Möglichkeit vertreten. Hier teile ich die Meinung des Paulus nicht.

Für Paulus ist Adam der erste Mensch. Das ist die Voraussetzung seiner Argumente. Aber über die Entstehung des Menschen wissen wir heute einfach mehr. Für mich ist Adam kein erster Mensch, sondern eine biblisch-mythische Gestalt. Die Geschichte von Adam ist mir wichtig, weil sie Wesentliches über uns Menschen (Adam = »Erdling«)

sagt. Aber für Paulus ist Adam »historisch« der erste Mensch, der Urvater des Menschengeschlechts. Doch Adam hat es als historische Person nicht gegeben. Und so hat es keine Fortpflanzung der Sünde eines ersten Menschen mit der Folge der Sterblichkeit für alle gegeben.

Es gibt Grund zur Vermutung, dass Paulus diese einzigartigen Ansichten über Adam und die Vererbung der Sünde auf alle schon vor seiner Bekehrung gehabt hat, dass er sie als rabbinischer Theologe beim Studium der Heiligen Schriften erworben hat.

Der Tod ist nicht »der Sünde Sold« Das Gleiche vermute ich bei dem Satz, dass die Sterblichkeit des Menschen eine Folge seiner Sünde ist. Natürlich ist der Tod dessen, der betrunken mit dem Motorrad fährt und dabei tödlich verunglückt, eine Strafe für den bodenlosen Leichtsinn. Der konkrete Tod eines Einzelnen kann durchaus eine Art Bestrafung und Folge einer Sünde sein. Aber Paulus meint das grundsätzlich und prinzipiell. Die Sterblichkeit ist eine Folge und Strafe unseres Sünderseins, das uns durch Vererbung unentrinnbar von Adam her erreicht hat.

Nur durch den Tod kann der Schaden repariert, die Sünde beseitigt werden. Darum ist der Tod »der Sünde Sold«.

Aber wir heute deuten die Sterblichkeit völlig anders. Wir wissen, dass es ohne Sterben keine Entwicklung (Evolution) der Natur bis hin zum Menschen gegeben hätte. Die Natur ist offen für die Zukunft durch immer neues Werden. Doch dieses neue Werden gibt es nicht ohne immerwährendes Vergehen. Diese Sterblichkeit hat nach unserem heutigen Verständnis nichts mit Strafe zu tun. Sie ist eine Grundvoraussetzung für neues Leben. Evolutionsbiologisch betrachtet ist der Tod etwas sehr Gutes und Nützliches. Der Tod ist nicht »der Sünde Sold«.

Was hat Paulus nur auf solche Gedanken gebracht? Für mich ist die Vermutung schlüssig, dass diese Ideen in ihm schon vor seiner Bekehrung gewachsen waren. Es waren Erkenntnisse, die er als jüdischer Gelehrter durch sein Studium der Heiligen Schriften gewonnen hat. Diese Vorstellungen von Adam und der Sünde sind vorchristliche

Ideen. Er hat sie mit der Christusvision nicht abgelegt. Warum sollte er auch! Von unseren Kenntnissen über die Entstehung der Menschheit hatte er nicht die blasseste Ahnung.

So versuchte er das gut miteinander zu verbinden, das »Neue« und das »Alte«. Er hielt an beidem fest: an der Sündenlehre und Todeslehre einerseits und am Glauben an das neue Leben in Glaube, Liebe, Hoffnung durch die Auferstehung Jesu andererseits. Aber diese beiden Seiten sind bei Paulus nicht gleich gewichtet: Das »Alte« tritt hinter dem »Neuen« zurück. Es geht manchmal zwischen den beiden zu wie in einem Wettbewerb. Da stehen sie nebeneinander: Adam und Christus. Adam ist gewaltig stark und seine schädliche Wirkung ist groß. Aber ihm gegenüber steht Christus und seine heilvolle erlösende Wirkung ist viel größer. Darum sagt es Paulus immer wieder mit unterschiedlichen Worten: »Wo die Sünde mächtig geworden ist, da ist die Gnade noch viel mächtiger geworden.« (Römer 5,20)

Auch bei Paulus gilt: »Alt geht, Neu bleibt« Ich erinnere noch einmal kurz daran, wie wir diese Regel auf einzelne Beispiele angewendet haben:

- Neu« ist, dass Christus uns erlöst hat. Diese Erkenntnis soll in meinem Glauben groß werden. Viele Christen können die Kraft der Befreiung und Erlösung durch den Glauben erfahren. »Alt« ist aber die Vorstellung von himmlischen bösen Mächten, die uns als Sklaven halten, bis wir freigekauft werden. Diese Vorstellung werde ich nicht übernehmen.
- Neu« ist, dass Christus Sündenvergebung gebracht und damit alle Opfer überflüssig gemacht hat. Das ist geradezu die Mitte des Evangeliums. »Alt« ist die priesterlich-kultische Vorstellung, dass es Vergebung nur durch ein Sühnopfer geben kann. Diese Meinung teile ich nicht und lehne diese Vorstellung deshalb ab.

Entsprechend gilt jetzt für Paulus: »Neu« ist die Botschaft, dass wir durch die Auferstehung in ein neues Leben der Hoffnung, des Glaubens und der Liebe berufen sind. Diese Botschaft lege ich mit Freuden in Andachten, Predigten und in der Seelsorge ganz konkret aus und möchte sie als Lebensperspektive und Lebensaufgabe gern an alle weitergeben. »Alt« ist die Lehre, dass wir durch Adam, den ersten Menschen, alle Sünder geworden sind, und dass der Tod »der Sünde Sold« ist, und damit nur Erlösung möglich ist, wenn einer unsere Sünde mit in seinen Tod reißt. Das glaube ich nicht.

11. Muss ich Paulus die Sünde glauben?

PAULUS BESCHÄFTIGT SICH im Neuen Testament am gründlichsten mit dem Problem der Sünde. Im Römerbrief entwickelt er dazu ausführlich fast eine »Theorie der Sünde«. Warum ist es Paulus so wichtig, von der Sünde zu reden? Warum lässt er das Thema nicht links liegen, weil wir doch von der Sünde erlöst sind?

Warum Paulus von der Sünde redet Dieser Frage wenden wir uns zu, um herauszubekommen, ob sein Reden von der Sünde vielleicht eine wichtige Aufgabe in seiner Theologie erfüllt.

1. Die Sünde als dunkle Kehrseite der Gnade Paulus redet viel von der Sünde der Menschen. Von Adam her ist sie auf alle vererbt worden. Manchen redet Paulus zu viel davon.

Paulus glaubt aufgrund seiner Christusvision, dass das neue Leben durch die Auferweckung Jesu zu allen Menschen kommen soll. Da ist es für ihn eine Art Hilfsgedanke, die dunkle Kehrseite darzustellen: Weil er sagen will, dass die Erlösung alle Menschen zum neuen Leben durch die Auferstehung beruft (1. Thessalonicher 5,5: »Ihr seid allzumal Kinder des Lichts.«), darum kann er dafür als Grund anführen, dass alle vorher im alten Leben der Sünde gefangen sind (Römer 3,23: »Sie sind allzumal Sünder.«)

Wenn Paulus von der Sünde aller Menschen redet, so geschieht das eigentlich, um deutlich zu machen: Alle brauchen das neue Leben, und das neue Leben ist für alle gekommen durch die Auferstehung – ähnlich Römer 11,32: »Denn Gott hat alle eingeschlossen in den Ungehorsam, dass er sich aller erbarme.«

Was Paulus von der Sünde sagt, ist ein gewichtiger, aber eigentlich untergeordneter Hilfsgedanke, mehr nicht. Es ist der dunkle Hintergrund, auf dem Paulus das helle Evangelium erstrahlen lassen kann. Und darum geht es ihm.

Paulus lehrt seinen Glauben nicht nur – er lebt ihn. Viele haben verwundert gefragt: Was treibt Paulus eigentlich zu seinen rastlosen Weltreisen an? Die Gründe sind wie eine logische Kette für ihn:

1. Alle sind Sünder von Adam an.
2. Mir ist das Evangelium offenbart als Ereignis der Gnade.
3. Das Evangelium von der Gnade gilt allen, weil sie alle Sünder sind.
4. Weil alle Sünder sind und doch alle die Gnade empfangen sollen, reise ich durch die ganze Welt mit dem Evangelium von der Gnade durch die Auferstehung im Gepäck.

2. Die Heilige Schrift beweist es Für Paulus scheint klar zu sein: Gott hat alle Sünder ihrem sündigen Wesen preisgegeben. Paulus folgert das aus seiner Bibel, dem Alten Testament. Jedenfalls legt er dem Leser eine Beweiskette aus Bibelzitaten vor. Möglich, dass er sie aus einer schon vorher vorhandenen Sammlung entnommen hat. Diese Kette an Bibelzitaten beweist aus der Heiligen Schrift – für ihn und seine damaligen Leser schlüssig – dass keiner gerecht und ohne Sünde ist.

»Wie geschrieben steht: Da ist keiner, der gerecht ist, auch nicht einer. Da ist keiner, der verständig ist; da ist keiner, der nach Gott fragt. Sie sind alle abgewichen und allesamt verdorben. Da ist keiner, der Gutes tut, auch nicht einer (Psalm 14,1–3). Ihr Rachen ist ein offenes Grab; mit ihren Zungen betrügen sie (Psalm 5,10), Otterngift ist unter ihren Lippen (Psalm 140,4); ihr Mund ist voll Fluch und Bitterkeit (Psalm 10,7). Ihre Füße eilen, Blut zu vergießen; auf ihren Wegen ist lauter Schaden und Jammer, und den Weg des Friedens kennen sie nicht (Jesaja 59,7.8). Es ist keine Gottesfurcht bei ihnen (Psalm 36,2).« (Römer 3,10–18)

3. Man kann den Menschen beim Sündigen zusehen Paulus will seine Vorstellung von der Sündigkeit der Menschen noch anders belegen und sammelt einen ganzen Katalog von Lastern und Sünden. Dafür findet er Beispiele genug: dass die Menschen, statt Gott zu verehren, sich Götzenbilder gemacht haben; dass sie sexuell in schändlichen Leidenschaften leben, nämlich als homosexuelle Männer und Frauen.

»dass sie tun, was nicht recht ist, voll von aller Ungerechtigkeit, Schlechtigkeit, Habgier, Bosheit, voll Neid, Mord, Hader, List, Niedertracht; Zuträger, Verleumder, Gottesverächter, Frevler, hochmütig, prahlerisch, erfinderisch im Bösen, den Eltern ungehorsam, unvernünftig, treulos, lieblos, unbarmherzig« (Römer 1,28ff.).

Die Leidenschaft des Paulus beim Nachweis der Schlechtigkeit aller ist geradezu erschlagend.

Sind wir Menschen wirklich so schlecht? Wie gut, das wir heute die Bibel nicht mehr als wörtlich inspiriertes Gotteswort ansehen müssen. Wir wissen inzwischen, dass die Schriften der Bibel von Menschen geschrieben und ihre Inhalte von vorgegebenen Überzeugungen und von Wissensvorstellungen der damaligen Zeit stark mitbestimmt sind. Deshalb dürfen wir heute vieles an den Schriften kritisch beurteilen, es als zeitgebundene Vorstellung bewerten.

Wir dürfen uns also auch mit Paulus kritisch auseinandersetzen, ohne dass wir dabei Gott als den geheimen Schriftsteller dieser Bücher kränken würden, ohne dass wir dabei irgendwie »Heiliges« verletzen würden.

Was Paulus über die Sünde schreibt, ist für mich zu massiv und sehr einseitig. Gewiss, Sünde ist ein wichtiges Thema in der Bibel. Und gerade die, die wissen wollen, zu welchem Leben uns Christus berufen hat, müssen sich natürlich auch über Irrwege und mögliche Verfehlungen und Sünde Gedanken machen. Jeder sollte damit rechnen, dass es eine große Versuchung zum Bösen gibt und wir zu vielem Bösen fähig sind. Jeder sollte durchschauen, dass es nicht nur persönliches Fehlverhalten gibt, sondern dass sich Sünde auch in gesellschaftlichen Strukturen versteckt. Und man darf nicht das Kind mit dem Bade ausschütten, wenn man die Erbsünde ablehnt und dabei übersieht, dass es tatsächlich Familien gibt, in denen Kriminalität, Alkoholismus usw. von Eltern auf Kinder übertragen wird.

Doch das ist mit dieser Erbsünde nicht gemeint.

Trotzdem finde ich Paulus sehr einseitig. Warum erkennt er nicht die Realität von Liebe unter den Menschen, als Gattenliebe, Nächstenliebe,

Feindesliebe? Sieht er nicht die vielen Menschen, die verantwortlich handeln und mit Ernst gut sein wollen? Sieht er nicht die Hilfsbereitschaft vieler, den Einsatz für andere, die Solidarität, die es doch auch gibt? Sieht er nicht, dass Menschen Gutes tun und Freude machen wollen? Und das alles gibt es nicht nur in der christlichen, sondern genauso real in der nichtchristlichen Welt.

Ferner finde ich seine Weise, etwas als Sünde zu charakterisieren, durchaus nicht hilfreich. So ist an dem Sündenkatalog des Paulus nicht eine Spur von Toleranz. Es gibt nicht einmal eine homöopathische Dosis des Verständnisses für die anderen Religionen: Er kann die Heiden mit ihren Götterbildern nur verteufeln.

Solche Bibelworte verstellen uns Christen den Weg zu einem verständnisvollen offenen Dialog mit Menschen anderer Religionen und Kulturen. Das aber ist nicht erst heute dringend nötig. Das wäre schon lange vor der Zeit nötig gewesen, als sich in den Kreuzzügen die christliche Intoleranz blutig austobte. So wie Paulus über andere Religionen redet, dürfen wir nicht mehr reden.

Manche Aussagen finde ich falsch. Besonders schlimm ist die Verurteilung der Homosexualität. Zwar hat Paulus es nicht besser gewusst. Er hat es nicht erlebt, wie gleichgeschlechtliche Partner in tiefer Liebe miteinander leben wollen »bis dass der Tod uns scheidet«. Er hat auch nicht geahnt, welchen Schaden er anrichtet durch Festhalten an diesem Vorurteil, bis hin zur Verfolgung und Tötung von Homosexuellen, zuletzt in deutschen Konzentrationslagern. Was er geredet hat, ist in sehr schädlicher Weise wirkungsvoll geworden. Noch heute berufen sich Christen auf diesen Lasterkatalog des Paulus, wenn sie Homosexualität als Sünde ablehnen.

Ich denke, dass Paulus eine gute Absicht verfolgt: Er will so dunkel malen, damit das Evangelium vom neuen Leben aus dem Auferstandenen umso größer und heller strahlt. Wenn die Christen sich immer bewusst gewesen wären, dass diese Sündenlehre das Untergeordnete ist, als dunkle Folie das neue Leben aus dem Auferstandenen hell machen soll, das ja das Eigentliche des Evangeliums ist, dann hätte diese Sündenlehre nicht so stark gewirkt. Aber so hat sie einen großen Schaden angerichtet.

11. Muss ich Paulus die Sünde glauben?

Sünde ist zu einem Hauptthema geworden im Verlauf der Kirchengeschichte. Aber in der Verkündigung Jesu gibt es auch das Leid, die Armut, die Ungerechtigkeit, das Scheitern, die Unwissenheit und viele andere Dinge, von denen die Menschheit erlöst werden muss. Diese Dinge sind sind bei der Konzentration auf die Sünde weithin ausgeblendet. Der Kampf gegen die Sünder wurde eine wichtige kirchliche Aufgabe. Der entschlossenere Kampf z.B. gegen Armut und Hunger und für Gerechtigkeit hätte unserer Welt besser getan. Diese Sündenkonzentration hat zu einer Verarmung des Glaubens geführt.

Aber ist die Sünde nicht ein Hauptthema der Bibel? Wer die Bibel mit dieser Überzeugung liest, wird sich bestätigt finden. Zwei Stellen wollen wir im Folgenden betrachten.

»... böse von Jugend auf« – wirklich? Dieser Satz steht in der Bibel (1. Mose 8,21: »Das Dichten und Trachten des menschlichen Herzens ist böse von Jugend auf.«) Er wurde oft im Interesse einer »schwarzen Pädagogik« von denen aus dem Hut gezaubert, die den Kampf gegen das Böse im Kind – notfalls auch mit Schlägen – als Hauptaufgabe der Erziehung ansahen.

Bei solcher Einschätzung vom Menschen ist der Kampf gegen das Böse immer wichtiger als die Förderung des Guten im Menschen, das man ja gar nicht wahrnimmt. Es sind in den letzten Jahrzehnten einige erschütternde Autobiographien erschienen, in denen Menschen von den Schäden berichten, die dieses Menschenbild in ihnen bewirkt hat; die gelitten haben unter der Vorstellung, Sünden beichten zu müssen; die glauben sollten, dass sie so sündig seien, dass Jesus wegen ihrer Sünde am Kreuz sterben musste. So gesehen möchte man froh sein, dass eine gewisse Entkirchlichung dafür gesorgt hat, dass diese schwarze Pädagogik auch innerhalb der Kirche keine religiöse Schubkraft mehr hat. Besser wäre es, wenn ein anderes Gottes- und Menschenbild sich durchsetzte, das aus der unbedingten Liebe Gottes gespeist ist. Von dort her geprägt, hätte kirchliche Pädagogik einen großen Segen bedeutet. Natürlich, wo man sich vorstellen kann, dass Gott seinen eigenen Sohn sterben lässt, da kann man auch mit solchen Bibelworten etwas für seine Erziehung lernen: »Welchen der Herr liebhat, den züchtigt er.«

(Hebräer 12,6) Züchtigung in der Schule? Aber ja! Sätze wie den folgenden kann man in alten pädagogischen Ratgebern finden: »Ein guter Lehrer weiß auch mit dem Stock zu lieben.«

Es gab vor ein paar Jahren ein ziemliches Entsetzen, als bekannt wurde, dass in christlichen Heimen bis weit über die Mitte des vorigen Jahrhunderts hinaus sehr brutale Erziehungsmethoden und skandalöse Prügelstrafen angewandt wurden. Wie war das möglich? Ich vermute, dass die Erzieherinnen und Erzieher möglicherweise mit der Pädagogik groß geworden sind, die glaubt, dass die Bosheit in den Kindern steckt und, weil sie nur Böses wollen können, dieser kindliche Wille notfalls mit Gewalt gebrochen werden muss. Sie haben nie gelernt, das Gute im Kind zu sehen, es hervorzulocken und zu fördern, und taten, was ihre Religion rechtfertigte. Denn ihre Theologie hatte sie ja gelehrt: »Der Mensch ist böse von Jugend auf.«

Wer aus dem biblischen Satz solche Pädagogik ableitet, missbraucht den Satz. So ist er falsch verstanden. Aus dem Zusammenhang wird nämlich klar: Der Verfasser will an dieser Stelle nichts über den Menschen mitteilen, sondern etwas über Gott. Wer hier den Menschen in seiner Bosheit diskutiert, verfehlt das Thema. Denn tatsächlich geht es hier um Gott und seinen Willen, das Leben der Welt zu erhalten und zu fördern.

Eine biblische Sage Durch die Sintflut, ein katastrophales gigantisches Hochwasser, war alles Leben ausgelöscht außer dem der Familie Noah und jener Tiere, die Noah in seiner Arche hatte. Da nun lässt der Verfasser der Geschichte Gott in seinem Herzen einen welthistorischen Beschluss fassen: »Ich will hinfort nicht mehr die Erde verfluchen um der Menschen willen. Denn das Dichten und Trachten des menschlichen Herzens ist böse von Jugend auf.« (1. Mose 8,21)

Gewiss, die Logik des Satzes verblüfft. Logischer erschiene uns folgender Satz: »Ich will die Erde nicht mehr verfluchen, denn das Dichten und Trachten des menschlichen Herzens ist gut von Jugend auf.« Oder umgekehrt: »Ich will die Erde verfluchen um der Menschen willen. Denn das Dichten und Trachten des menschlichen Herzens ist böse von Jugend auf.«

Aber hier wird Gottes Entschluss, die Erde nicht mehr zu vernichten, mit der Schlechtigkeit der Menschen verknüpft. Sinn ergibt das nur, wenn man die Verbindung in dieser Weise versteht: Ich werde die Erde nicht mehr vernichten, obwohl der Mensch schlecht ist. Oder besser: Selbst wenn der Mensch schlecht ist. Oder: Egal, wie schlecht der Mensch ist.

Die Sintflutgeschichte hat ja einen Zielpunkt: Sie will hinaus auf das Versprechen Gottes, keine Sintflut mehr zu schicken, die es nach uralten Sagen früher gegeben haben soll. Die Geschichte will den Menschen die Angst davor nehmen. Überschwemmungen mit Vernichtung der Menschheit sind nicht Gottes Methode. Ausrottung, Zerstörung wird es bei ihm nicht geben, sondern er wird Leben und Schöpfung ewig erhalten. (1. Mose 8,22: »Solange die Erde steht, soll nicht aufhören Saat und Ernte, Frost und Hitze, Sommer und Winter, Tag und Nacht«.)

Die biblische Sage stellt diesen Beschluss Gottes dar als eine Art Lernen Gottes nach der Methode »trial and error«. Die vorbiblischen Sagen erzählten von Sintfluten und Überschwemmungen. Der Erzähler nimmt das auf: Damals hat Gott versucht, die Welt und die Menschen durch Ausrotten der Bösen zu bessern. Aber diesen Versuch hat er als untauglich aufgegeben. Gott hat dazugelernt. Er will die Welt erhalten. Und der Verfasser formuliert, indem er den Extremfall annimmt: Selbst, wenn der Mensch böse ist von Jugend auf, werde ich mich doch nicht verleiten lassen, die Welt zu zerstören – ich will sie erhalten.

Dieser Text ist ähnlich konstruiert wie der andere Satz: »Es sollen wohl Berge weichen und Hügel hinfallen, aber meine Gnade soll nicht von dir weichen und der Bund meines Friedens nicht hinfallen.«(Jesaja 54,10) Auch hier geht es um Gott und die Verlässlichkeit seiner Gnade. Völlig falsch wäre es, den Extremfall zu behandeln, der hier in den Blick genommen wird: dass Berge und Hügel einstürzen. Um dann zu sagen: Hier lehrt uns die Bibel etwas über die Natur.

Etwa so sinnlos wäre es, bei der Sintflutgeschichte zu sagen: Hier lehrt uns die Bibel etwas über das Wesen des Menschen. In beiden Fällen geht es um Gott. Er, sein Lebenswille und seine Verlässlichkeit sind die Themen.

Nur ein Sündenbekenntnis ist ein gutes Gebet – wirklich? In dem Gleichnis vom Pharisäer und Zöllner (Lukas 18,9–14) kommt ein Pharisäer in den Tempel. Er baut sich vorne auf. Dann dankt er Gott von Herzen, dass er ein besserer Mensch ist als der Zöllner dahinten. Danach erzählt er Gott alle seine guten Taten. Er wird für dieses Gebet eine sehr schlechte Note bekommen – wegen Heuchelei vor Gott.

Der verrufene und gehasste Zöllner stellt sich im Tempel ganz weit hinten hin. »Der Zöllner aber stand ferne, wollte auch die Augen nicht aufheben zum Himmel, sondern schlug an seine Brust und sprach: Gott, sei mir Sünder gnädig!« (Lukas 18,13) Er bekommt für dieses Gebet die Bestnote: »Ich sage euch: Dieser ging gerechtfertigt hinab in sein Haus.« (Lukas 18,14)

Leider hat dieses Gleichnis Menschen dazu verleitet, das Gebet des Zöllners nachzumachen: »Gott, sei mir Sünder gnädig!« Wer vor Gott tritt und ihm gefallen will, so lernten sie aus dem Gleichnis, muss als bekennender Sünder kommen.

Noch vor 30 Jahren haben wir unsere Gemeindeglieder vor dem Abendmahl folgendes Beichtgebet sprechen lassen:

»Ich armer, elender, sündiger Mensch bekenne dir alle meine Sünde und Missetat, die ich begangen habe mit Gedanken, Worten und Werken, womit ich dich jemals erzürnt und deine Strafe zeitlich und ewiglich verdient habe [...]«

Aber die Gemeindeglieder wollten das nicht mehr; die Pastoren würden sie damit zur frommen Heuchelei verleiten. Sie sind doch meist frisch und vergnügt in den Gottesdienst gekommen und dachten im Traum nicht daran, sich als »arme, elende, sündige Menschen« zu begreifen. So haben wir uns von dem Gebet verabschiedet.

Wenn wir uns auf diese Weise zu Sündern machen lassen, dann Gnade uns Gott! Hätte Nietzsche vielleicht doch recht, wenn er die fromme, selbstdemütigende Bescheidenheit bei Christen zur Quelle einer verabscheuungswürdigen Sklavenmoral erklärt?

Der Zöllner bekam für mich die Bestnote für sein Gebet nicht deshalb, weil es ein Sündenbekenntnis war und ein Sündenbekenntnis automatisch das beste Gebet ist, sondern weil er gewagt hat, in seinem Gebet ehrlich, authentisch und echt zu sein. Er war ehrlich vor Gott.

Darum: Wir sollten in unserer Kirche keine Kultur des Schuldbewusstseins und des schlechten Gewissens dulden, sondern die Kultur der Ehrlichkeit und Wahrhaftigkeit vor Gott üben und stärken.

Offenbart das Kreuz die Sünde? Was hat das Kreuz mit der Sünde der Menschen zu tun? Auch wenn man nicht glaubt, dass am Kreuz Jesus als ein Sühnopfer für unsere Sünden dargebracht wird und damit die Sünden beseitigt werden, kann man dem Kreuz doch im Zusammenhang mit den Sünden der Menschen einen Sinn geben: »Am Kreuz wird die Sünde nicht vergeben, aber sie wird offenbart.«

Bei der Hinrichtung Jesus arbeiten alle zusammen: Juden und ihr Gesetz, Römer mit ihrem Recht, das Volk und die öffentliche Meinung, die Mächtigen mit ihrer gelebten Verantwortung – sie alle tun sich zusammen, um Jesus zu töten. Die Jünger verraten ihn, verleugnen ihn oder verlassen ihn. Es ist schon schlimm, was da geschieht, und alle sind daran beteiligt. »Da ist die Sünde des Menschen offenbar geworden.«

Aber wieso »*die* Sünde *des* Menschen«? Sehr verschiedene sind beteiligt, aber doch nicht alle Menschen! Ist der Platz Golgatha im Weltmaßstab gesehen nicht nur ein kleiner und unbedeutender Platz und die Zahl der Menschen dort relativ zur Weltbevölkerung sehr gering? Wie kann dann Golgatha zur Offenbarung der Sünde aller werden?

Um das so sehen zu können, muss man die Ereignisse generalisieren, Beobachtungen zur einer Allgemeingültigkeit aufplustern, die an sich so gar nicht vorhanden ist. Wenn man sagen würde: Am Kreuz wird deutlich, zu welcher Schlechtigkeit Menschen fähig sind, dann könnte ich zustimmen. Aber das könnte ich genauso gut von Auschwitz sagen oder von vielen anderen Orten und Ereignissen der Weltgeschichte.

Weil man so fixiert ist auf die Bosheit der Menschen, sieht man die anderen nicht, die auch da sind und Jesus unter Lebensgefahr die Treue halten. »Es sahen aber auch Frauen von ferne zu, unter ihnen auch Maria aus Magdala und Maria, die Mutter von Jakobus, dem Jüngeren, und von Joses und Salome, die ihm, als er in Galiläa war, folgten und dienten, und viele andere, die mit ihm nach Jerusalem hinaufgezogen waren.« (Markus 15,40)

Man könnte am Kreuz und in der Sterbestunde Jesu auch erkennen, dass es Liebe gibt und Treue. Das Kreuz als Offenbarungsort von Liebe und Treue der Menschen? Das habe ich leider noch nie gehört. Weil man so auf die Schlechtigkeit der Menschen fixiert ist, werden die Zeichen des Guten und der Liebe, die auch zu sehen wären, schlicht übersehen. Oder hat es damit zu tun, dass es überwiegend Frauen sind, die Jesus nach Golgatha gefolgt sind?

Die Sündenmanie in der Geschichte der Kirche hat viele Menschen sehr gequält. Einer von ihnen war Martin Luther. Auch er ist ein Opfer der Sündentheologie seiner Zeit. Aber er ist durch Paulus therapiert worden, weil er jenseits von dessen Sündentheologie seine viel größere Gnadentheologie entdeckt hat, die eigentliche Botschaft des Paulus: Rechtfertigung und Gerechtigkeit aus Gott, neues Leben durch Christus, den Auferstandenen.

Warum Luther sich mit Paulus so gut verstand Luther ist als mittelalterlicher Mensch aufgewachsen mit diesem Sündenbewusstsein und der Angst vor Sündenstrafen und ewigen Höllenqualen als Folge. Die Kirche hatte die Angst durch ihre Weise, das Evangelium zu deuten, produziert. Sie wucherte unter den Menschen wie eine Krankheit.

An der Nordseite der Wittenberger Stadtkirche gab es ein Steinrelief. Es zeigte Christus als Richter mit dem Schwert zur Bestrafung der Bösen. Luther kam regelmäßig an diesem Christusbild vorbei. Er konnte den Anblick kaum ertragen. Dieses strenge Christusbild erschreckte ihn. Es war ein Teufelskreis. Je mehr er sich bemühte, diesen Christus zu lieben, desto größer wurde sein Schuldgefühl, weil er es nicht schaffte, desto mehr hasste er ihn, desto größer wurde seine Angst. Die Kirche hielt gnädige Hilfen gegen diese Angst bereit, z. B. den Ablass. Friedrich der Weise, Luthers oberster Dienstherr, sammelte Reliquien: In seinem Fundus gab es einen Nagel vom Kreuz Christi, einen Zahn des Heiligen Hieronymus, vier Haare der Jungfrau Maria, ein Stück Windel Jesu usw. – 17.000 Reliquien insgesamt. Einmal im Jahr wurden die Reliquien ausgestellt. Dem, der sie ansah, wurde Strafe für die Sünden erlassen. So konnte man Angst abbauen.

Aber Luther nimmt diese Hilfsmittel nicht an, er vertraut ihnen nicht. Die Wende kommt mit dem Studium der Bibel. Als Professor der Bibelwissenschaft beschäftigt er sich intensiv mit dem Römerbrief. Bei Paulus findet Luther alles, was er selbst über die Sünde denkt. Aber beim forschenden Lesen stößt er auf das, was Paulus das Wichtigere und Mächtigere als die Sünde ist, nämlich das Neue, das durch Christus geschenkt ist: das Angenommensein bei Gott, die Gerechtigkeit durch den Glauben, die Gnade.

Sicherlich hörte er das Nein zum Menschen auch aus den ersten Kapiteln des Römerbrief, aber er hörte es ja viel stärker aus der Praxis der Kirche, die mit allen Mitteln in die Menschen das Schuldbewusstsein hineindrängte. Doch er hörte dann auch und viel kräftiger im Römerbriefes plötzlich das, was er aus der Praxis der Kirche nicht vernahm, das große uneingeschränkte Ja Gottes, die Botschaft vom neuen Leben in neuer Gerechtigkeit, die Gott schenkt.

Die Reformation beginnt, weil Luther genau in das Schema des Paulus passt: Im Leiden unter der großen eigenen Sünde fühlt er sich bei Paulus verstanden. Dann aber versteht er bei Paulus, was der über das größere Glück unter der Gnade sagt. Was Paulus ihm eigentlich zeigen will, nicht die Sünde, sondern die Gnade, bleibt Luther nicht verborgen. Sondern er findet es so, als ob er eine große Entdeckung macht.

Sündenlehre und Sühnopferlehre stützen sich gegenseitig Nun habe ich viel über die Sünde geschrieben. Das ist nötig, wenn man sich mit der Sühnopferlehre auseinandersetzt. Denn Sündenlehre und Sühnopferlehre stützen und stärken sich gegenseitig.

Die Sündenlehre des Paulus ist in der Geschichte der Kirche sehr wirkungsvoll geworden. Ihr ganzes Gewicht aber hat sie erst bekommen können im Zusammenhang mit der mittelalterlichen Sühnopferlehre.

Christus ist doch für die Sünden gestorben. Er hat unsere Gerechtigkeit verdient. Nach kirchlichen Vorstellungen hat Christus einen Schatz der Gnade erworben. Diese Gnade, durch Christi Sühnetod erworben, soll den sündigen Menschen zugeteilt werden. Und diese

Weitergabe geschieht durch die Kirche, durch ihre Priester und ihre Sakramente. Das gibt ihr die Wichtigkeit, gibt ihr auch Macht. Je größer das Sündenbewusstsein der Menschen ist, desto wichtiger wird die Kirche, werden die Sakramente und die Priester. Die Sünde der Menschen wurde zu einem wichtigen Pfeiler der Kirchenmacht.

So bindet man Menschen an sich: Ihre Seelennot wird vergrößert, damit sie sich um ihres Seelentrostes willen umso fester an die Kirche binden. Der Ablasshandel (Tetzel!), Wallfahrten und die Geschäfte mit Sakramentalien zeigen, wie man mit einem großen Sündenbewusstsein auch viel Geld machen kann. Höllenangst öffnet den Geldbeutel, wenn man Rettung vor der Hölle durch die Verdienste Christi zum Kauf anbietet.

12. Die Kreuzestheologie

Im Internetlexikon Wikipedia finden Sie viele Texte zur Kreuzestheologie. Dort kann man lesen, dass *theologia crucis* (lat. Kreuzestheologie) die von Martin Luther geprägte Bezeichnung für eine Theologie ist, »die das Kreuz Christi in den Mittelpunkt stellt und Lehre und Leben der Kirche daran misst. Luther knüpfte dabei unmittelbar an Kernaussagen des Apostels Paulus an.«

Das ist natürlich viel zu kurz, um Luthers Kreuzestheologie gerecht zu werden. Auch wir werden ihr hier in diesem Buch nicht gerecht, wollen aber dennoch ein paar Gedanken dazu formulieren.

Luther denkt bei der Kreuzestheologie grundsätzlich auch an die Sühnopfertheologie, die er aus der kirchlichen Tradition übernommen und noch nicht überwunden hat. Er knüpft an Paulus an, obwohl der kaum den Sühnopfergedanken lehrt. Was aber findet sich bei Paulus, woran Luther anknüpfen kann?

Tatsächlich betont Paulus das Kreuz Es fällt auf, dass Paulus ganz betont vom Kreuz redet, wenn er den Tod Jesu meint. Das Kreuz ist für Paulus die negativste und erniedrigendste Form des Sterbens.

Heute ist für viele das »Kreuz« ein Symbol für Jesus Christus und den christlichen Glauben oder ein Symbol für den Tod – Kreuze über den Gräbern – oder ein Zeichen, das man als Schmuckstück am Hals tragen kann.

Dagegen war für Paulus damals das »Kreuz« noch ausschließlich die besonders schlimme Hinrichtungsweise für Verbrecher. Daran denkt er bei »Kreuz«: an den schauerlichen Verbrechertod Jesu. In diesem Sinne gebraucht er nun auffallend oft das Wort »Kreuz«. An einen Vers aus einer Art Bekenntnislied der frühen Gemeinde, »Jesus erniedrigte sich selbst bis zum Tode«, fügt er noch verstärkend an: »ja zum Tode am Kreuz« (Philipper 2,8). Sterben ist schwer, soll das wohl heißen, aber Jesus steigt noch tiefer hinab, hinab bis zum Kreuz, was noch schlimmer ist als nur sterben, weil es in jeder Weise entehrend ist. Er stirbt als Verbrecher, wie ein Verfluchter (Galater 3,13: »Verflucht ist jeder, der am Holz hängt«). Warum aber betont Paulus das so?

Das Kreuz als Ärgernis Es gäbe ja auch Gründe, das Kreuz etwas zu verstecken, den Kreuzestod Jesu hinter der Botschaft seiner Auferstehung im Dunkel verschwinden zu lassen. Das würde dem Missionar Paulus die Arbeit leichter machen. Denn in seinen Gesprächen mit Nichtchristen muss Paulus immer wieder feststellen: Am Kreuz nehmen die Menschen Anstoß, es ist ihnen ein Ärgernis aus unterschiedlichen Gründen.

Juden haben bestimmte Erwartungen an den Messias Gottes. Nach ihrer Meinung weist er sich durch die Kraft Gottes in machtvollen Taten aus. Aber nun predigt Paulus ihnen einen Gekreuzigten als Messias. Das geht doch nicht! Die Juden wollen auch an Jesus die wundertätige Kraft Gottes erleben, aber nicht einen Menschen, der kraftlos am Kreuz endet. Darum verstehen sie das Kreuz nicht, mehr noch: Sie ärgern sich daran wie an einer Lästerung Gottes.

Wenn Paulus mit einigermaßen Gebildeten aus der griechischen Welt redet, dann hat er auch dort Akzeptanzprobleme, aber aus anderen Gründen. Diese Griechen haben eine klare Vorstellung von Gott: Gott ist der ewig Seiende, der in sich Ruhende, ganz bei sich Bleibende. Bei Gott gibt es keine Veränderung wie bei irdischen Dingen. Gott ist Geist und ewige Wahrheit. Griechen fordern grundlegende Weisheit von Paulus, bleibende Wahrheit, unveränderliche Werte, aber keine Botschaft von einem Gott, der wie Jesus zwischen den Mühlsteinen der Geschichte zerrieben wird und zuletzt ganz unten als Verbrecher sein Leben beendet. Darum verstehen sie das Kreuz nicht, mehr noch: Sie ärgern sich daran, wie an einer Schmähung des ewig Seienden. Juden wie Griechen finden ihre Erwartungen nicht bestätigt. Die einen suchen Heiligung und Erlösung durch wunderhafte, göttliche Kraft, die anderen aber Weisheit und Gerechtigkeit aus der Sicht ewiger Wahrheiten.

Aber genau dies, sagen die Christen, haben wir in dem Jesus Christus gefunden, den sie gekreuzigt haben. »Er ist uns von Gott gemacht zur Weisheit und zur Gerechtigkeit und zur Heiligung und zur Erlösung.« (1. Korinther 1,30)

Das Ärgernis des Kreuzes beruht also nicht auf dem, worüber sich heute viele ärgern, dass Gott seinen Sohn geopfert haben soll als Sühne für die Sünden der Menschen. Für ein großes Ärgernis bei Griechen und Juden reicht völlig aus, dass ihnen zugemutet wird, »Weisheit und Gerechtigkeit und Heiligung und Erlösung« bei einem Jesus Christus zu suchen, der den Verbrechertod am Kreuz gestorben ist.

Aber Paulus riskiert mit seiner Predigt dieses Ärgernis, auch wenn es ihm bisweilen heftige Feindschaft einträgt.(1. Korinther 1,22f.: »Wir predigen den gekreuzigten Christus, den Juden ein Ärgernis und den Griechen eine Torheit, denen aber, die berufen sind, Juden und Griechen als Gottes Kraft und Gottes Weisheit.«) Es ist für sein Gottesbild eine entscheidende Erkenntnis, dass Gott alles verkehrt: Nicht was klug ist vor der Welt, sondern was elend ist in den Augen der Menschen, das sieht Gott mit Wohlgefallen an.

Doch es gibt ganz konkrete Gründe, warum Paulus im 1.Korintherbrief so pointiert von dem Kreuz redet. Die Gründe liegen in der Glaubensverfassung der Christen in Korinth.

Die Verhältnisse in Korinth Paulus schreibt seinen Brief nicht als friedlich abgeklärtes apostolisches Wort. Er führt vielmehr eine Auseinandersetzung mit den Christen in Korinth. Einige dort mögen ihn, andere lehnen ihn ab. Paulus will die Korinther zurechtweisen, denn er ist über einen falschen Glauben der Korinther beunruhigt. Er ist sich mit ihnen darin einig, dass Christus auferstanden ist. Das hat er ihnen ja als christliche Botschaft gebracht. Paulus benennt noch einmal die Zeugen der Auferstehung und begründet die Verkündigung der Auferstehung als zentrale Botschaft des Evangeliums (1. Korinther 15). Die Auferstehung ist das große Heilsereignis.

Aber die Korinther missverstehen die Erlösung durch die Auferstehung. Man kann die Anschauungen der Korinther aus dem Schreiben des Paulus ganz gut erschließen.

Offensichtlich leben und verhalten sich die Christen so, als lebten sie schon im Himmel. In den Gottesdiensten sprechen sie eine Art

Himmelssprache, unverständliche ekstatische Worte. »Zungenreden« nennen sie dieses verzückte Stammeln. Im Verhalten nehmen sie sich himmlische Freiheiten heraus. Das Gesetz ist für sie eigentlich nicht mehr gültig. Man sagt sich: »Alles ist mir erlaubt.« Auch sexuell sind sie so freizügig, dass sich Paulus empört. Sie meinen, sie seien von Sünde erlöst, Sünde könne sie nicht mehr gefangen nehmen. Es ist also eine Art einseitige geistliche Schwärmerei aus dem Geist der Auferstehung. Da ist für sie die ganze Wahrheit, denn da ist die ganze Freiheit.

Dem aber widerspricht Paulus heftig. Das Licht der neuen Welt Gottes scheint schon über uns, aber das Kreuz wirft einen großen Schatten auf uns. Wir sind noch nicht im Himmel, wir leben noch auf der Erde. Noch gibt es Leid und Elend. Wir leben im Glauben und nicht im Schauen.

Die Christen in Korinth nehmen enthusiastisch eine Wirklichkeit vorweg, die – so mahnt Paulus nachdrücklich – noch der Zukunft vorbehalten ist: »Die zukünftige Wirklichkeit soll euch bestimmen, euch Motivation und Orientierung geben. Ja, ihr seid teuer erkauft, aber werdet nicht der Menschen Knechte.« (1. Korinther 7,23) »Ja, alles ist euch erlaubt, aber nicht alles dient zum Guten! Alles ist euch erlaubt, aber es soll euch nichts gefangennehmen.« (1. Korinther 6,12) Eine Freiheit als Form der inneren Unabhängigkeit sollen sie sich bewahren. Sie leben doch noch nicht im Himmel, sondern in einer Welt, die vergänglich ist, denn »das Wesen der Welt vergeht« (1. Korinther 7,31). So benutzt Paulus in seiner »Kreuzestheologie« die Erinnerung an das Kreuz Jesu, um die Himmelsflieger in Korinth auf den Boden der Realität zurückzuholen. Die Sühnopfertheologie hat damit nichts zu tun.

13. Hebräerbrief

Am Ende des ersten Jahrhunderts n. Chr. liegt der Tempel in Jerusalem in Trümmern. Die Römer haben ihn zerstört. Die Mitte des kultischen Lebens der Juden ist Vergangenheit, und die Sehnsucht nach dem Tempel in Jerusalem wird die Juden nie verlassen. Aber längst haben sie eine neue Mitte gefunden: Die Tora kann man hier nennen, die ihnen ein Begleiter in der neuen Situation wird, und vor allem den Sabbat. Man sagt, der habe sie am Leben erhalten bei aller Verfolgung und Zerstreuung. Viel mehr noch, als dass sie den 7. Tag bewahrt hätten, hätte der 7. Tag sie bewahrt. Er hat sie überleben lassen. Ihn konnten sie überallhin mitnehmen. Gottes Ruhe kam zu ihnen, wie versprochen. Einen Tag kann man nicht töten, nicht verbrennen, so wie man Tora-Rollen verbrennt und Synagogen.

Jerusalemer Kult als Bild für Jesus Christus Der Verfasser des Hebräerbriefes war wohl ein Christ jüdischer Herkunft. Er hat die jüdische Tempeltradition gut gekannt: die Psalmen, die gesungen wurden; die Priester und wie sie opferten; auch den Hohenpriester, der als einziger das Allerheiligste im Tempel einmal im Jahr aufsuchen durfte, um den »Gnadenstuhl«, den Behälter für die Zehn-Gebote-Platten, mit dem Blut eines geschlachteten Tieres zu bestreichen, was für die damaligen Menschen kein Sühnopfer, sondern eine kultische Reinigung bedeutete. Auch weiß er von dem Bund, den Gott mit dem Volk Israel geschlossen hat, und dass es einen neuen Bund geben soll nach Meinung der Propheten. Schließlich weiß er, dass dieser Tempel mit seinem Kult zerstört ist.

Immer wieder mag er in Gedanken durch den Tempel gegangen sein und die Opferriten innerlich vollzogen haben, sich die Psalmen und biblischen Geschichten ins Gedächtnis zurückgerufen haben. Dabei wächst in ihm das Bild eines ganz anderen Jerusalem, eines zweiten Jerusalem über dem ersten zerstörten. In ihm wächst das Bild von einem himmlischen Jerusalem. Er träumt von einem Kult, der höher ist und gültiger als der, der mit der Zerstörung beendet ist. Hatten nicht schon die Psalmen und die bekannten Geschichten der Bibel auf diese Veränderung vorbereitet? Nun gibt es diese Veränderung, dieses Neue, bei der Größeres an die Stelle des Kleineren tritt, Endgültiges an die Stelle des Vorläufigen, ein einmaliges Opfer statt der immer zu wiederholenden.

Dort gibt es einen Tempel und einen Hohenpriester: Das ist Christus. Dort gibt es ein Opfer: Auch das ist Christus. Und dort gibt es einen neuen Bund mit einem neuen Bundesmittler: Christus. Dieser Bund wird besiegelt, sozusagen mit Blut ratifiziert: dem Blut Christi.

So wird alles auf Christus hin gedeutet. Der alte Tempel wird zum Gleichnis für das, was Christus ist.

Die wunderbaren Vergleiche sind nicht immer logisch und konsequent. Christus ist Hohepriester und Opfer zugleich. Er ist Bundesmittler und Blutgarant. Logisch und real geht das nicht, aber jedes einzelne Motiv im Tempel wird so zum Gleichnis für das Heil gemacht, das Christus bringt.

Wie aus dem ganzen Land die Pilger zum Tempel nach Jerusalem zogen, so gibt es jetzt Pilger auf dem Weg zum himmlischen Jerusalem, die Christen, das »wandernde Gottesvolk«. Es soll nicht müde und matt werden auf dem Weg dahin. Dort wartet der Ewige Sabbat auf die Christen. Es ist noch eine Ruhe vorhanden für das Volk Gottes.

Der Hebräerbrief ist eine bemerkenswerte Schrift, weil sie konsequent den Jerusalemer Kult als Bild für Jesus Christus und seine Heilstat nutzt und auswertet. Natürlich ist der Opfergedanke da, sogar in doppelter Gestalt: Jesus ist Hohepriester – und er ist Opfer.

Allen Freunden des Jerusalemer Tempels ist dieser Text eine große Hilfe, sich in dem neuen Glauben wohlzufühlen. Er nimmt die Bilder des Alten lebendig auf, baut wenigstens in den Bildern und Metaphern den zerstörten Tempel wieder auf. Hier ist Jesus das Opfer, für unsere Sünden gestorben. Er ist das letzte Opfer überhaupt, das alles Opfern überflüssig macht. Nicht wegen der Zerstörung des Tempels durch die Römer ist der Opferkult am Ende, sondern weil es den neuen himmlischen Tempel gibt.

Diese Metaphern, Bilder, Gleichnisse lassen uns die Freiheit, gerade das nicht als Faktum ansehen zu müssen, dass Jesus für unsere Sünden geopfert ist. Denn Jesus war nie Hohepriester, wie er auch nie Sühnopfer war. Aber im übertragenen Sinn lässt sich damit viel aussagen und veranschaulichen. Diese Chance nutzt der Hebräerbrief.

14. Und wo bleiben die Sünden?

Wenn es den Sühnopfertod Jesu nicht gibt, was machen wir dann mit unserer Sünde? Neulich las ich den folgenden Satz: »Erst die Deutung des Opfertodes Jesu im Kontext der Opfertraditionen des Alten Testaments ermöglicht einen sündenbefreiten Umgang mit dem Leben«.

Das ist Theologendeutsch. Ich sage einmal mit meinen Worten, was der Satz bedeuten könnte: Die alten Israeliten haben sich durch Opfer von ihren Sünden befreit. Wenn wir heute Sünden loswerden wollen, dann müssen wir Jesus als solch ein Opfer ansehen, durch das Sünde vergeben wird.

Es gibt sicherlich eine Reihe von Christen, die Jesu Tod von der Opferpraxis des Alten Testaments her verstehen wollen. Sie sagen etwa in Anlehnung an den Hebräerbrief dies: Am Ende der langen Opfertradition in Jerusalem gibt es jetzt ein allerletztes Opfer, ein endgültiges Opfer, nämlich Jesus, der damit die uralte Praxis der Opfer in Jerusalem beendet.

Darum meine ich, dass wir uns mit der Opfertradition in Jerusalem beschäftigen müssen, um herauszufinden, welche Beziehung zwischen der Jerusalemer Opferpraxis und Jesus bzw. der Deutung seines Todes als Sühnopfer besteht.

Was hat Jesus selbst vom Opfern gehalten? Beginnen wir bei Jesus selbst und fragen nach seiner Haltung zum Tempel in Jerusalem. Manche verstehen die Geschichte von der sogenannten »Tempelreinigung« als Ausdruck der leidenschaftlichen Kritik Jesu an den Opfern im Tempel. Auch die Ankündigung der Zerstörung des Tempels weise in diese Richtung. Er habe dem Tempelkult insgesamt ablehnend gegenübergestanden.

Aber man kann es auch als Ausdruck einer Hochschätzung der Heiligkeit dieses Ortes ansehen, die gegen den Missbrauch und die

Verweltlichung des Tempels kämpft. Tatsächlich ist für Jesus der Tempel wichtig. Es drängt ihn, genau dorthin sein Evangelium zu tragen, weil dort für ihn die geistliche Mitte Israels ist.

Nun kennt bereits das Alte Testament eine Vergeistigung der Opfer: »Das Opfer, das Gott gefällt, ist ein zerknirschter Geist; ein zerbrochenes und zerschlagenes Herz wirst du, Gott, nicht verschmähen.« (Psalm 51,19) Der Prophet Samuel redete König Saul ins Gewissen: »Wahrhaftig, Gehorsam [gegenüber Gott] ist besser als Opfer, Hinhören [auf den Gotteswillen] besser als das Fett von Widdern.« (1. Samuel 15,22) Propheten fordern im Namen Gottes, statt Tiere zu opfern, die Gott nicht brauche, Barmherzigkeit gegenüber sozial Benachteiligten wie Witwen und Waisen zu üben. Sie kritisieren zuweilen im Namen Gottes die scheinheilige Opferpraxis: »Ich habe Lust an der Liebe und nicht am Opfer.« (Hosea 6,6)

Jesus scheint etwa auf dieser Linie seine Stellung zum Kult bestimmt zu haben. Im berühmten Gleichnis vom barmherzigen Samariter ist dies als versteckte Kritik enthalten. Die ersten beiden, die an dem unter die Räuber gefallenen hilfsbedürftigen Menschen vorbeikommen, haben keine Zeit zu helfen, weil sie im Tempel zu Jerusalem Dienst tun müssen. »Barmherzigkeit ist besser als Opfer!« kann man als eine der Botschaften aus dem Gleichnis hören. Bei Matthäus steht folgender Grundsatztext: »Die Starken bedürfen des Arztes nicht, sondern die Kranken. Gehet aber hin und lernt, was das heißt: Ich habe Wohlgefallen an Barmherzigkeit und nicht am Opfer. Ich bin gekommen, die Sünder zu rufen und nicht die Gerechten.« (Matthäus 9,12f.). Jesus nimmt hier bei Matthäus die Opferkritik des Hosea auf, um seinen Lebensauftrag zu definieren. Jesus hat sich den Armen und Benachteiligten verpflichtet gefühlt. Darin liegt ohne Zweifel eine gewisse Distanz zum Opferkult.

Eine Nähe zur Opferpraxis, die es Jesus möglich gemacht hätte, sein Leben in Analogie zum Sühnopfer zu verstehen, ist nicht auszumachen. Jesus will lieber Barmherzigkeit lehren und ausüben. Sühnopfer zu werden ist nicht sein Lebensziel.

Man möchte vermuten, dass es bei dem Desinteresse der Evangelien an den kultischen Angelegenheiten überflüssig sein könnte, sich ausführlicher mit dem Opferkult zu beschäftigen. Doch kommt man in unserem Zusammenhang zu sehr interessanten Ergebnissen. Darum werden wir uns jetzt die Opferpraxis des Alten Testaments und im Jerusalemer Tempel etwas näher ansehen.

Opfer im Jerusalemer Tempel Zunächst müssen wir den Begriff »Opfer« klären und zwei Dinge unterscheiden.

- Auf der einen Seite meinen wir bei »Opfer« das unkultische Opfer; »victima« ist dafür das lateinische Wort. »victima« wird jemand, über den eine Art Unglück kommt, das ihn zum Opfer macht. Das Opfer ist unschuldig. Es geschieht ihm Unrecht. Jedem von uns fallen solche Opfer ein: Unfallopfer, Kriegsopfer, Opfer eines Justizirrtums, Opfer einer gesellschaftlichen Diskriminierung. Bibelkundige kennen sicherlich biblische Beispiele dafür:
  Kain erschlägt Abel; Abel ist ein Mordopfer. Josef wird das Opfer seiner Brüder, die ihn als Sklaven verkaufen. David wird beinahe Opfer von Sauls Zorn, als der seinen Speer nach ihm schleudert.
- Opfer im zweiten Sinn ist das »sacrificium«: das kultische Opfer. Solche Opfer werden im Rahmen von feierlichen Handlungen vollzogen. Drei Dinge sind nötig: eine berufene Person, meist ein Priester; ein heiliger Ort, der Tempel oder der Altar; und schließlich ein genau fixiertes Ritual.

Jede kultische Opferung im zweiten Sinn (*sacrificium*) braucht ein Opfer im ersten Sinn (*victima*), z.B. ein Tier, das aus einer Herde von Tieren herausgesucht und dann geopfert wird, obwohl auch jedes andere Tier der Herde hätte geopfert werden können. Wenn geopfert werden soll, muss einiges nacheinander geschehen: Der Opfernde besorgt ein Tier. Dieses Tier wird geschächtet. Dann wird es gehäutet und zerlegt. Zum Schluss wird es auf dem Altar verbrannt.

Was in dieser Reihe ist der eigentliche Opferakt? Heute, unter dem Eindruck der Sühnopfer-Theologie der christlichen Tradition, ist man geneigt zu sagen: Das Opfer besteht in der Schlachtung des Tieres. Opfern heißt töten, das Leben nehmen.

Doch in jüdischer Opfertradition ist die Tötung ist nicht das Opfern, sondern die Voraussetzung dafür. Weil die Schächtung nur zur Vorbereitung des eigentlichen Opferaktes gehört, kann sie auch außerhalb des Opferorts stattfinden. (3. Mose 17,3–4). Die Schächtung findet auch nicht auf dem Altar statt, sondern z. B. im Tempelvorhof. Auch können Laien diese Schächtung vornehmen, es muss nicht der Priester sein. Weil die Schächtung nur zur Vorbereitung gehört, sind die Schlachtorte im Tempel von Jerusalem keine zentralen Orte. Zentral wichtig ist der Altar, wo das Tier verbrannt wird. Es werden also keine lebenden Tiere geopfert, sondern das schon getötete und zerlegte Tier wird auf dem Altar im Feuer verbrannt. Dieses Verbrennen eines getöteten Tieres ist die eigentliche Opferung. Der Geruch, der zum Himmel steigt, soll Gott erfreuen. Durch Verbrennung wird aus dem Opfermaterial eine Feuergabe, Rauch steigt auf zum Himmel. Im Rauch des Opferfeuers steigt die Gabe zu Gott auf, von der Erde zum Himmel. Und Gott riecht den Wohlgeruch dieser Verbrennung gern.

Es gibt sogar vegetarische Opfer, Speisopfer genannt, wo z. B. Weizenmehl, Öl und Weihrauch verbrannt werden. Es ist ein vollwertiges Opfer, auch ohne Tötung. Es findet auch als Sündopfer statt, weil das Sündopfer mit der Tötung überhaupt nichts zu tun hat. (3. Mose 5,11–13)

Dazu kommt ein kleiner, bei vielen verbreiteter Irrtum, die Israeliten hätten vor allem zur Vergebung ihrer Sünden geopfert. Doch es gab ganz andere Opferzwecke. Wer Gott danken wollte, wer ein Gelübde getan hatte, wer einen Wunsch erfüllt haben wollte, wer eine gute Ernte hatte, wer geheilt und wer gereinigt werden wollte und viele andere kamen und opferten, um Gottes Wohlgefallen zu gewinnen.

Wir kommen also zu einem für manche sicherlich verblüffenden Ergebnis: Die Tötung ist nach dem alten biblischen Opferverständnis kein Opfer, sondern bei Tieropfern notwendige Voraussetzung. Mehr nicht. Das Opfer ist die Verbrennung des Getöteten, die Verwandlung in wohlriechenden Rauch.

Wie kann man unter solchen Umständen meinen, Jesus sei ein Sühnopfer im Sinn alttestamentlicher Opferpraxis! Jesus wird doch nur getötet, er wird nirgendwo geopfert und verbrannt. Vom Opfergedanken des Alten Testaments her kann Jesus kein Sühnopfer sein, weil das Verbrennen auf dem Altar und nicht die Tötung das Opfer ist. Erklärt das, warum die Deutung von Jesu Tod als Sühnopfertod im Neuen Testament eine so verschwindend geringe Rolle spielt? Warum sie erst später innerhalb der Kirche aufblüht, als man vom Opferkult im Tempel zu Jerusalem nichts mehr weiß, sondern nur noch die ziemlich andere, antike griechisch-römische Opferpraxis kennt?

Betrachten wir nun aber noch eine Stelle, wo von Jesus als Opfer die Rede ist. »Folgt nun Gottes Beispiel als die geliebten Kinder und lebt in der Liebe, wie auch Christus uns geliebt hat und hat sich selbst für uns gegeben als Gabe und Opfer, Gott zu einem lieblichen Geruch.« (Epheser 5,1–2)

Das stammt eindeutig aus der Bildwelt der Jerusalemer Opferpraxis: Es ist vom Wohlgeruch des Opfers die Rede. Und das Opfer ist dieser Wohlgeruch des für Gott Verbrannten. Wenn Jesus hier »Opfer« genannt wird, dann ist das nur Bild und Vergleich, denn tatsächlich ist Jesus nicht verbrannt worden.

An das Sterben Jesu ist hier nicht gedacht. Das »Opfer für Gott« bezieht sich auf das ganze Leben Jesu, nicht nur auf sein Sterben. Wir sollen in der Liebe leben und darin Jesu Vorbild folgen. Er ist Vorbild für das Wandeln im Licht. Wir sind Kinder des Lichts. Es geht also um unsere Lebensführung nach dem Vorbild der Lebensführung Jesu. Und wo das Christenleben so nach dem Vorbild Jesu gelebt wird, kann Paulus mit Hilfe des Opferbildes seine Anerkennung aussprechen: »nachdem ich von Epaphroditus empfangen habe, was von euch gekommen ist: ein lieblicher Wohlgeruch, ein angenehmes Opfer, Gott gefällig« (Philipper 4,18). Mit dem Sterben haben diese Opfer nichts zu tun.

Jesus, ein Menschenopfer? Es gibt noch einen anderen Grund, warum es geradezu grotesk erscheint, wenn man vom Alten Testament her eine Brücke ins Neue Testament zur Interpretation des Todes Jesu als Sühnopfertod schlagen will. Wird Jesus für unsere Sünden geopfert, dann ist das ein Menschenopfer. Das Alte Testament kennt aber keine Menschenopfer. Richtiger, es kennt Menschenopfer und verabscheut sie zutiefst. Das alte Volk der Israeliten hasste Menschenopfer, denn ihr Gott ließ Menschenopfer nicht zu. Mit völligem Unverständnis beobachtete es, dass anderswo Menschen für Gott geschlachtet wurden, wenn z. B. ein Herrscher neue Stadtmauern baute und dazu seinen erstgeborenen Sohn einmauerte und bei der Neuerrichtung der Stadttore auch noch seinen jüngsten Sohn opferte. Gottes Empörung klingt aus Worten des Propheten Jeremia: »und haben die Höhen [Altar] des Tofet im Tal Ben-Hinnom gebaut, um ihre Söhne und Töchter zu verbrennen, was ich nie geboten habe und mir nie in den Sinn gekommen ist.« (Jeremia 7,31)

Völlig fassungslos beschreiben Beter, was sie sehen: »Sie brachten ihre Söhne und Töchter dar als Opfer für die Dämonen. Sie vergossen schuldloses Blut, das Blut ihrer Söhne und Töchter, die sie den Götzen Kanaans opferten.« (Psalm 106,37ff.)

Israels Gott hasste Menschenopfer, ganz im Unterschied zu den Göttern anderer Völker. Es gibt eine Abraham-Sage, die begründet, warum in Israel keine Menschen geopfert wurden. Danach hörte Abraham Gottes Stimme: »Abraham! […] Nimm deinen einzigen Sohn, den du lieb hast, […] und bringe ihn auf dem Berge als Opfer dar.« (1. Mose 22,1b–2) Abraham wusste, dass es Götter gab, die Menschenopfer forderten. Er fügte sich und ging hinauf auf den Berg, wo später der Tempel stand und die Tiere geopfert wurden. Und Abraham kam und baute einen Altar und bereitete das Opferfeuer vor und fesselte seinen Sohn und hob das Messer, um seinen Sohn zu schlachten und für das Opfer vorzubereiten. Da erschien ein Engel und fiel ihm in den Arm. Plötzlich sah Abraham dort einen Widder, den er statt seines Sohnes opfern sollte, und er lernte: Unser Gott will keine Menschenopfer.

Für uns ist vielleicht schon der Gedanke an Tieropfer aus Tierschutzgründen nicht akzeptabel. Aber bei Abraham sind wir in einer ganz frühen Zeit, in der die Ablösung von Menschenopfern durch Tieropfer als gnädiger Fortschritt gesehen wird. Es geht um die Ablehnung von Menschenopfern! Auch für unseren Glauben an Christus sollte dieser alttestamentliche Grundsatz gelten: Kein Menschenopfer. Jedenfalls gibt es keinen plausiblen Weg von der alttestamentlichen Opfertheorie ohne Menschenopfer zur Sühnetheologie, die den Menschen Jesus für unsere Sünden sterben lässt. (Und wenn man sagt, Gott selber opfere sich in Jesus, er selbst sterbe den Tod am Kreuz, dann geht man über den eindeutigen Befund in den Passionsgeschichten hinweg, dass Jesus und sein himmlischer Vater als zwei verschiedene Personen gesehen werden.)

Macht das Blut Jesu Christi rein von aller Sünde? Das Reden vom rettenden Blut Jesu ist vermutlich besonders aus Vorstellungen erwachsen, die mit der Feier des Abendmahls verbunden sind. Das Abendmahl haben wir vor allem als ein Passahmahl anzusehen, wie oben bereits ausführlich dargelegt (Seite 60ff.). Auch wurde das Abendmahl als Feier des Neuen Bundes gedeutet, der durch den »Kelch des neuen Bundes im Blut Jesu« bestätigt wird.

In den folgenden Jahrhunderten setzte sich die Überzeugung durch, dass uns im Abendmahlskelch das rettende Blut Christi zu trinken gegeben wird. Aber es ist völlig ausgeschlossen, dass Jesus als Jude vom Trinken des Bluts gesprochen hat oder dass die Jünger geglaubt haben, das Blut Jesu zu trinken.

Es gibt im Neuen Testament durchaus mehrere Belege für die Rettung durch das Blut Jesu. Dass damit das Blut bei der Kreuzigung gemeint ist, ist deshalb eigentlich unwahrscheinlich, weil die Kreuzigung eine Hinrichtungsart ist, bei der wenig Blut fließt.

Das Reden vom rettenden Blut Jesu rührt vermutlich nicht von realen Erfahrungen bei der Kreuzigung Jesu her. Wo vom Blut geredet wird, ist der Gedanke an einen Sühnopfertod weit entfernt. Beim Blut geht es um Reinigung (1. Johannes 1,7: »Das Blut Jesu macht uns rein von aller Sünde.«; Hebräer 9,22: »Es wird fast alles mit Blut gereinigt nach dem Gesetz.«) Die Verwendung des Begriffs »Blut« ist – jedenfalls im Hebräerbrief – nicht durch die Vorstellung von einem blutigen Sterben Jesu begründet. Vielmehr stehen hier Blutriten im Jerusalemer Tempel als Metaphern für Jesu Heilswirken Pate.

Es gab z. B. einmal im Jahr den großen Sühnetag. Dazu gehörte auch das unblutige Sündenbockritual, das Wegtragen der Sünden des Volkes durch einen Bock in die Wüste, das wir oben (Seite 67f.) schon erläutert haben.

Aber es gab an dem gleichen Tag auch ein Blutritual. Nur an diesem Tag und nur allein betrat der Hohepriester das Allerheiligste des Tempels. Irgendein Tier war vorher getötet worden, weil man sein Blut brauchte. Dieses Blut wurde jetzt vom Hohepriester als kultisches Reinigungsmittel gebraucht. Er bestrich mit dem Blut den Altar im Allerheiligsten und den Kasten, in dem die Zehn Gebote lagen. Das Blut reinigte nicht den Spender des Tieres, das geschlachtet wurde. Es reinigte den Altar und den Kasten. Das Heiligtum wurde so entsühnt wegen der Verunreinigungen durch die Juden (3. Mose 16,16), aber die Juden wurden dadurch nicht entsühnt. Dafür gab es ja den oben erwähnten Sündenbock-Ritus. Die Entsühnung des Altars war nötig, weil durch das Verhalten des Volkes alles unrein wurde, auch die Geräte im Allerheiligsten. Dieser Blutritus war kein Opferritus. Die Sühne für die Sünden des Volkes wurde durch die Schlachtung nicht angestrebt.

Was machte eigentlich nach damaliger Vorstellung unrein? Wenn man sagt, die Sünde mache unrein, ist man nicht sehr präzise. Denn unrein machten der Blutfluss der Frau, die Berührung eines Toten, falsches Essen, bestimmte Krankheiten und vieles mehr. Unreinheit ist mehr und anderes als das, was wir unter Sünde verstehen. Sie ist so allgegenwärtig, dass sie sogar im Allerheiligsten des Tempels einmal im Jahr eine Reinigung durch den Blutritus nötig machte.

Von diesem Blutritus her wird das Heil gedeutet, das Jesus bringt. Uns ist das sehr fremd. Aber noch heute gibt es Christen, denen diese Blutvorstellungen wichtig sind. Vielleicht haben sie schon als Kinder die Liedstrophe von Nikolaus Ludiwg von Zinzendorf (EG 350,1) gelernt:

»Christi Blut und Gerechtigkeit,
das ist mein Schmuck und Ehrenkleid,
damit will ich vor Gott bestehn,
wenn ich zum Himmel werd eingehn.«

Dieses »Blut für uns« ist für sie emotional die Mitte des Evangeliums. Sie sind nie darüber hinausgekommen. Sie halten an diesem Blutbild mehr im Herzen als in ihrem Kopf fest. Dabei sollten auch sie einsehen, dass es immer nur ein Bild und Gleichnis ist, wenn von der Reinigung durch das Blut Jesu geredet wird, und dass es unserem heutigen ästhetischen Empfinden widerspricht, die Reinigung von Sünde und Unreinheit durch das Menschenblut Jesu zu versprechen. Eigentlich sollten wir ganz auf dieses wenig hilfreiche Blutbild in unserer kirchlichen Praxis verzichten.

Was also wird aus unserer Sünde? Wenn die Reinigung mit dem Blut Jesu und die Vorstellung von dem Sühnopfer Christi nur Bilder sind, die heute nicht mehr dazu geeignet sind, die Gnade Gottes den Menschen zu verkünden, was bleibt denn dann noch übrig?

Es bleibt die Predigt Jesu von der unbedingten Liebe Gottes, seiner abgrundtiefen Gnade und Güte. Es bleibt das große »Ja« des Himmels über unserem irdischen Leben, so wie es uns Jesus Christus in Wort und Tat vorgelebt hat und wir in seiner Nachfolge auch in Wort und Tat leben sollen.

Viele Menschen hören eher das »Nein« zu ihrem Leben als das »Ja«, das Gott spricht. Sie hören das »Nein« im Scheitern ihrer Pläne, in ihrer Armut, in ihren Krankheiten, in ihren Sorgen usw. Hier haben wir Christen die Aufgabe, das große »Ja« Gottes zu verkündigen. Aber nicht als Worte, die über ihre Köpfe hinweg ertönen, sondern als Ereignisse, die in ihr Leben helfend eingreifen. Wir haben uns um die Menschen zu kümmern, dass sie das »Ja« Gottes zu ihrem Leben erfahren können, z. B. durch Hilfe bei der Lösung ihrer Fragen und Probleme, durch menschliche Nähe und Beistand in Not. So sollten wir die Güte Gottes, die uns selbst stärkt und aufrichtet, weitertragen in Wort und Tat.

Das Heil, das Jesus bringt, hat viele Inhalte. Mal kommt es in der Gestalt des »Friede sei mit euch«, mal erklingt es als das ermutigende »Fürchte dich nicht«. Auch das werden wir hören: »Dir sind deine Sünden vergeben.«

Es gibt durchaus das Bedürfnis, das große »Ja« Gottes durch die Vergebung der Sünden zu vernehmen. Dafür feiern wir Gottesdienste mit Predigt und Abendmahl. Da wird Vergebung zugesagt. Erstaunliche Vollmacht bekommen die Jünger übertragen: »Welchen ihr die

Sünden erlasst, denen sind sie erlassen.« (Johannes 20,23) Im Abendmahl als willkommene Gäste an Jesu Tisch vollziehen wir sie ganz konkret und praktisch. Das dürfen und sollen wir glauben. Nur im Glauben schließt sich mir die Kraft der Vergebung auf. »Glaubst du, so hast du« (Luther). Und »glauben« heißt dann ganz praktisch, dass ich mich von den Fehlern der Vergangenheit frei mache. Ich glaube dann, dass jeder neue Morgen wie ein leeres und unbeschriebenes Blatt ist ohne die misslungenen Kraxeleien von gestern. Dann lerne ich aufzuatmen, mich innerlich aufzurichten und wieder groß zu werden durch die Vergebung. Vergebung ist in den seltensten Fällen ein einzelnes dramatisches Ereignis, ist selten nach einer großen Krise, nach Reue und Bußkampf, das verzaubernde Erlösungswort. Gottes Vergebung ist täglich neu. Aus Gottes großem Ja lerne ich jeden Tag neu, zu mir selbst auch Ja zu sagen. Jeden Tag neu fange ich an, Gottes Liebe und Barmherzigkeit auch in meinem Leben als Liebe und Barmherzigkeit zu üben.

Vergebung ist nicht einfach das Wegwischen von Sünde, wie man ein falsches Wort von der Schultafel wegwischt. Ich erkläre das gern mit dem Bild, das Paulus benutzt hat. Er stellt sich die Sünde als Macht vor. Sündenvergebung ist bei ihm Machtwechsel. Aus der Macht der Sünde befreit wollen wir nun in die Machtsphäre des guten Geistes Gottes treten. Ich werde aus der Macht der Sünde herausgeholt und zum Leben unter der Macht des neuen Lebens aus dem heiligen Geist berufen. So strebt die Sündenvergebung eine echte Veränderung an, einen echten Neuanfang, ein Leben in der Kraft des Geistes, ein Leben, das z. B. durch Glaube, Hoffnung, Liebe gekennzeichnet ist.

Man kann sich Sünde auch wie einen schmutzigen Gegenstand vorstellen, den ich in meinen Händen halte und loswerden will. Die Sünde ist im kirchlichen Sprachgebrauch oft so gegenständlich gesehen: Wo lade ich die Sünden ab? Hinter diesem Sprachgebrauch verbergen sich Reste magischen Denkens, nach dem man Sünde von hier nach da, z.B. von einer Person auf einen Sündenbock, übertragen kann. Oder man kann sie irgendwo entsorgen, ablegen.

In der Welt solcher Bilder lautet die besorgte Frage so: Wie werde ich meine Sünden los? Wohin bringe ich sie, wenn ich sie nicht unter dem Kreuz Golgatha ablegen kann, wo Jesus für meine Sünden stirbt?

Wenn man im Bild bleibt, dann sollten wir das einzig Richtige antworten: Es ist in jedem Fall besser und richtiger sie direkt bei Gott abzulegen statt am Kreuz, sie lieber direkt vor Gott zu bringen als nach Golgatha.

Der Verzicht auf die Sühnopfertheologie reißt keine Lücke im Glauben. Im Gegenteil: Dieser Verzicht gibt endlich den Blick auf den unendlich liebenden Gott frei.

Man kann sich Sünde als einen schmutzigen Gegenstand vorstellen. Richtiger ist es aber, von Sünde als von einer falschen Grundeinstellung oder einem verfehlten Verhalten gegenüber dem Nächsten oder Gott zu reden. Sünde ist das, was die Gemeinschaft verletzt und stört. Sünde ist eigentlich ein Beziehungsbegriff. Es gehören immer zwei dazu.

Geschehenes ist nicht rückgängig zu machen. Sich einfach vergeben zu lassen, ohne den Schaden zu bedenken, den man angerichtet hat, und Folgerungen daraus zu ziehen, ist zu billig. Die Sünde beichten und dann ein paar Bußübungen ableisten, ist zu wenig. Darum hat die Beichte in den Kirchen heute oft die Gestalt des seelsorglichen und therapeutischen Gesprächs angenommen. Dort kommt Schuld zur Sprache. Man fragt, wie der Schuldige und der Geschädigte weiterleben können und wie man aus dem Bösen etwas Gutes entstehen lassen kann. Die Vergebung Gottes schafft einen Raum, in dem wir – innerlich frei – die Folgen des schuldhaften Tuns bedenken und auf Korrektur und Besserung sinnen können. So ist die Vergebung Gottes eine große Lebenshilfe.

Im Raum, den das Vergeben Gottes schafft, wird mir vielleicht auch das eigene Vergeben leichter. Auch Vergeben ist Erlösung. Mit den Verletzungen, die andere mir zugefügt haben, leben zu müssen, quält. Hass und Groll in meinem Herzen zu halten, kostet viel innere Kraft. Das schadet vor allem mir selbst. Im Vergeben aber mache ich mich frei. Vergebung ist das Heilmittel gegen empfangene und ausgeteilte Bosheiten. Erklärt das die auffallende Koppelung von Vergebung und Vergeben – »Vergib uns unsere Schuld, wie auch wir vergeben unsern Schuldigern« (Matthäus 6,12)?

Wir haben die Frage der Sühnopfertheologen noch im Ohr: Was machen wir denn mit der Sünde, wenn Christus nicht für unsere Sünde gestorben ist? Dafür gibt es viele verschiedene Antworten in der Bibel und der kirchlichen Tradition, und sie sind wunderbar, wenn sie helfen, Gottes unendliche Liebe als Quelle jeder Vergebung zu begreifen.

15. Abschied vom Sühnopferglauben

Viele Argumente sind in diesem Buch zusammengetragen worden. Haben sie jemanden überzeugt und veranlasst, sich von der Vorstellung zu trennen, Jesus sei für unsere Sünden am Kreuz gestorben?

In Hans Christian Andersens Märchen »Des Kaisers neue Kleider« zieht der Kaiser in feierlicher Prozession durch seine Stadt. Angeblich trägt er ein neues Kleid, aber das Kleid sieht nur, wer noch nie gelogen hat. Keiner wagt auszusprechen, dass er nicht sieht, was da angeblich zu sehen ist: des Kaisers neue Kleider. Bis ein Kind ganz unbefangen ausruft: »Aber er hat ja gar nichts an!« Da trauen sich auch die anderen hervor: Tatsächlich, der Kaiser ist nackt.

Das haben schon manche erlebt, dass mitten in hoch theologischen Gesprächen einer plötzlich wie das Kind in dem Märchen ausruft: »Aber das ist doch gar nicht wahr.« Dann fällt es den anderen wie Schuppen von den Augen: Sie haben sich verstiegen, haben vollmundig Dinge gesagt und dabei den Boden der Realität und Vernunft längst verlassen, haben eine gewagte These über die Sünde der Menschen, über die Verdorbenheit der Welt, über Gottes liebevolle Vorsehung wie ein Evangelium in den Raum gestellt.

Wie wird es mit diesem Buch sein? Ich muss es abwarten. Vielleicht klingt ja mancher Satz dieses Buches für den einen oder anderen wie die Kinderstimme im Märchen: »Das ist doch gar nicht wahr, was ich immer glauben sollte!« So wagen sie es auch zu sagen, was sie schon lange ahnten: »Es gibt keine Zentrallehre der Bibel, der Sühnetod Christi für unsere Sünden, die man unbedingt glauben muss.«

Doch es kann auch umgekehrt sein: Jemandem erscheint diese oder jene These meines Buches so falsch und an den Haaren herbeigezogen, dass er nur ganz ernüchtert sagen kann: »Das stimmt doch gar nicht! Das ist in Wirklichkeit doch ganz anders!« Um dann umso entschlossener bei seinem Glauben zu bleiben, dass Gott aus Liebe zu uns

Jesus als Sühnopfer ans Kreuz gebracht hat. Sicher gibt es viele, denen es schwer fällt, die Thesen dieses Buches zu akzeptieren und zu übernehmen. Denn sie haben Gedanken, Gesichtspunkte, Erinnerungen und Gefühle, die sie nicht loslassen. Sie können Glaubensinhalte, die ihnen wichtig waren, doch nicht einfach so aufgeben, denn: Scheiden tut weh.

Vier Thesen zum Glauben an das Sühnopfer Jesu Vier häufig genannte Punkte, warum es nicht so einfach ist, ohne den Glauben an das Sühnopfer Jesu auszukommen, will ich zum Schluss nennen.

1. Tief verwurzelt Bestimmte Sprüche, Bibelworte, Lieder, die Passionsmusiken, das traditionelle Abendmahlsverständnis – sie alle haben bei vielen einen fast unauslöschlichen Glauben eingeprägt, dass Gottes Liebe zu uns in dem Sterben Jesu am Kreuz als Sühnopfer für unsere Sünden zu erkennen sei. Und vielleicht gab es einen spirituellen Moment in einer schwierigen Lebenssituation, in der jemand in seinem angefochtenen Glauben bei dem Gekreuzigten als dem für unsere Sünden Geopferten bleibenden Trost gesucht und gefunden hat. Diese Vorstellung ist dann ganz tief in ihm drin und wegen seiner tiefen Verwurzelung nicht einfach auszureißen.

Was kann da dieses Buch ausrichten mit dem bloß rationalen Nachweis, dass in der Bibel diese Sühnopfervorstellung nur am Rande vorkommt, eine nur unbedeutende Deutung ist neben vielen anderen, die mir zum Teil mehr einleuchten? Was nützt es da zu sagen, dass man ein gutes Gewissen haben darf, wenn man nicht mehr an den Sühnetod Jesu glaubt?

Vielleicht ist ein Abschied an den »alten« Glauben nur dann möglich, wenn man mit viel Zeit und Geduld anderen, positiveren Bildern in seinem Inneren einen Platz bereitet und diese Bilder in sich wachsen lässt, z. B. das Bild vom guten Hirten.

2. Dammbruch? Manche befürchten, diese Verabschiedung der Sühnetheologie könnte wie ein Dammbruch wirken, der alles, was wir (noch) glauben, hinwegschwemmt.

Hier wünsche ich uns mehr Mut und Vertrauen. Wenn ich etwas als wahr erkenne, kann das doch die Wahrheit Gottes nicht anfechten und gefährden! Es kann zwar mein Verstehen in eine Krise bringen, aber doch nicht ernsthaft Gottes Wahrheit zerstören. Gottes Wahrheit muss unsere Erkenntnis von Wahrheit in jedem Fall ertragen können, ohne unterzugehen. Dieses Vertrauen sollte uns mehr Mut zu neuen Einsichten geben.

Trotzdem will ich diese Sorge vor dem Dammbruch ernst nehmen. Immer, wenn etwas Neues auf den Glauben zukommt, ist auch Angst da. Sie war bei den Christen lange vor unserer Zeit, als sie hörten, dass die Welt nicht in sechs Tagen erschaffen wurde. Sie war da, als die Vorstellung eines unendlichen Weltalls das Bild von der Himmelfahrt Christi als einer Fahrt nach oben zerstörte. Sie war da, als immer mehr davon geredet wurde, dass der Mensch und der Affe gemeinsame Vorfahren haben. Die Angst war da, als Frauen zum Predigen zugelassen wurden. Die Angst ist heute da, wo man sich fürchtet, Homosexualität akzeptieren zu müssen. Und sie ist da, wo man die Sühnetheologie ablegen soll. Diese Angst bremst selbst Entwicklungen, von denen ich meine, dass sie auch ein Werk des Heiligen Geistes sind, der uns in alle Wahrheit leiten will. Denn er führt uns immer wieder über das bisherige Verstehen der Bibel hinaus.

Dabei ist nach meiner Einschätzung nur durch solch einen Wandel die Bibel auch für unsere Tage als ein bedeutsames Buch zu erhalten. Ich möchte sie gern für mich, für meine Zeitgenossen und für kommende Generationen als lebendige Hilfe fürs Leben bewahren, wenn ich mich vor neuen Einsichten und Wahrheiten nicht fürchte; wenn ich übe, die alten Texte neu zu interpretieren, statt sie wortwörtlich zu nehmen.

3. Gehorsam oder Verstehen? Abschied nehmen von Traditionen kann man vielleicht erst, wenn man sich zumindestens dem Bewusstseinswandel aussetzt, der sich in unserer Zeit gegenüber Traditionen und Autoritäten vollzieht.

Früher hat man den Autoritäten geglaubt. Man hat geglaubt, was der Papst sagt, was Konzilien sagen, was die Bibel sagt, was in Katechismus und Bekenntnisschriften steht, was Pfarrer, Lehrer und die Obrigkeit sagen. Glaube war oft eine Form des Gehorsams gegenüber den Autoritäten. So musste man nicht über alles selber nachdenken, sondern konnte Meinungen gehorsam und vertrauensvoll übernehmen. Sicherlich haben viele auf diese Weise gelernt, an das Sühnopfer Jesu zu glauben. Sicherlich gibt es viele, die sich in solcher Haltung etwa den Bekenntnisschriften und ihren Sätzen verpflichtet fühlen: »Ich bin darauf ordiniert.«

Aber heute denken viele Menschen – durchaus nicht alle! – anders. Das hat schon bei Luther angefangen, der dem Autoritätsglauben mit seinem legendären »Hier stehe ich, ich kann nicht anders!« den Fehdehandschuh hingeworfen hat.

Für viele Menschen unserer Zeit ist inzwischen die Demokratie zu einem Wesensmerkmal ihrer Persönlichkeit geworden. Die Demokratisierung reicht viel weiter als nur in den politischen Bereich. Sie wirkt sich so aus, dass wir selbst mitbestimmen wollen, was wir eigentlich glauben. Wir gehorchen dann nicht einfach überkommenen Traditionen und Autoritäten. Statt uns unterzuordnen, haben wir vielfach gelernt, diesen Ansprüchen, die uns in Texten und durch Überlieferungen, aus Traditionen und von Autoritäten begegnen, sozusagen auf Augenhöhe zu begegnen.

Wir glauben nicht mehr einfach, was in der Bibel und in den Bekenntnisschriften steht. Wir fühlen uns ihnen gegenüber verpflichtet. Aber diese Verpflichtung äußert sich darin, dass wir uns mit ihnen auseinandersetzen. Wir befragen die Texte nach ihrer Wahrheit für uns. Wir wollen die Bibel nicht umformen und umschreiben, aber wir wollen sie verstehen. Wir sind dabei tolerant und lassen zu, dass ferne Texte aus anderen Vorstellungen heraus reden, die wir nicht teilen. Auch heute reden wir ja nur aus den Rahmenbedingungen und kulturellen Bezügen unserer Zeit heraus. Wir sind also nicht arrogante Besserwisser. Wir sind Gesprächspartner der Traditionen.

Wir wissen, dass es mehr gibt, als wir glauben und verstehen können. Die Wahrheit ist immer größer als unser Verstehen. Und trotzdem glauben wir nur, was wir glauben können. Dankbar nehmen wir an, was die Tradition an Hilfreichem gibt, weisen aber höflich zurück, womit sie uns nicht überzeugt. Für mich gehört die Sühnopfervorstellung zu den Wahrheiten, die ich früher gern und gehorsam geglaubt habe, die mich aber heute im Dialog mit den christlichen Traditionen nicht mehr überzeugt.

Übrigens werden die Leserinnen und Leser mit diesem Buch ebenso umgehen – nicht mehr einfach nur glauben, weil es da schwarz auf weiß steht. Sie wollen überzeugt werden. Sie wollen selber entscheiden, was sie glauben wollen und können. Aber wenn die Argumente überzeugen, werden viele von ihnen auch den Mut haben, alte Positionen hinter sich zu lassen.

4. Die starke Liebe Gottes Viele halten eine Gottesliebe ohne das Sühnopfer Jesu für schwächliche Liebe. Gottes starke und echte Liebe erkenne man erst an diesem Liebesbeweis: dass sie etwas Außergewöhnliches und Einmaliges tut, nämlich den eigenen Sohn für unsere Sünde opfert. Diese Liebe nehme die Schwere unserer Sünde ernst und überwinde sie durch eine große, sich selbst aufopfernde Tat. Gerade wer als Opfer oder Täter, z. B. als Vergewaltigte oder als Vergewaltiger, Sünde in ihrer ganzen Schwere erfahren habe, brauche dieses besondere, außergewöhnliche Werk Gottes, um ihm seine vergebende Liebe glauben zu können.

Umgekehrt erscheint ihnen eine Liebe Gottes, die kein Blutopfer bringt, als eine schwache Liebe, eine billige, aber keine tätige Liebe. Da ist Gott doch nur der sprichwörtliche »liebe Gott«, ein harmloser Kerl, ein Kuschelgott, von dem gesagt wird: »Pardonner – c'est son metier!« (Vergeben, das ist sein Job!). Er wird bei ihnen zu einem nur liebenswürdigen Gott, der Liebe verströmt, sanft wie Wind und Weite, seicht wie Gras und Ufer.

Lassen Sie uns einen kurzen Blick werfen auf eine Argumentationslinie, die nur am Rande mit unserem Thema zu tun hat, aber insofern doch verhängnisvoll ist, als sie uns den Weg zu einem Glauben an Gottes umfassende Liebe und Güte, wie ihn uns Jesus gelehrt hat, versperren will. Da wird gesagt, so einfach von Gottes Liebe zu reden, sei naiv, zu eindimensional und simpel. So nehme man die bitteren Realitäten des Lebens nicht ernst. Denn es gebe zu viel Leid in der Welt.

Gott sei eben nicht nur einfach lieb, sondern habe auch eine unbegreifliche, dunkle Seite. Es gebe nicht nur den liebenden Gott, sondern auch einen verborgenen unverstehbaren Gott, einen *deus absconditus* (lat. *absconditus* = verborgen) – einen Gott, den wir in unserer Not und Verzweiflung anklagen: Wie kann Gott das zulassen? Ein Gott der Liebe dürfte das doch nicht tun!

Dieser Gedanke ist vielen Theologen sehr wichtig und bei vielen von uns ebenso tief im Herzen verwurzelt wie es die Sühnopfertheologie ist. Aber ich halte diesen Gedanken für nicht gut. Etwas pauschal und generalisierend möchte ich Folgendes dagegen einwenden: Der Fehler dieser Argumentation ist, dass sie zusammenbringt, was nach meiner Einsicht nicht zusammengehört: Gottes Handeln und unser Leid.

Gott hat unser Leid nicht verursacht. Er trägt keine Schuld an unserem Scheitern, an unserem Unglück, an unserer Krebserkrankung, an der Tsunamiwelle und an den KZs. Gott ist nicht der alles verursachende Allmachtsgott, für den ihn viele immer noch halten, der alles tut, zumindest alles Böse verhindern könnte. Gott hat sehr viel von seiner Allmacht abgegeben: an seine Schöpfung und ihre Naturgesetze, an seine Geschöpfe und vor allem an uns Menschen. Darum ist Gott in meinen Augen nicht der Grund unseres Leides.

Wenn auch Gott mit dem *Leid* nichts zu tun hat, will er doch mit uns *Leidenden* zu tun haben. Als der Gott der Liebe und Güte will er leidenden Menschen in ihrem Unglück nahe sein. Er will ihre Klagemauer, ihre Kraftquelle, ihr Hoffnungspunkt sein. Er will sie animieren zum Kampf gegen die Ursachen von Leid.

Gott wirkt nicht physisch und materiell auf uns und die Welt. Er wirkt psychisch und mental. Er greift nicht mit machtvoller Hand in Vorgänge ein, die natürliche Ursachen haben und natürlichen Gesetzen unterworfen sind. Aber er wirkt mit dem »Wort« und durch »geist«-volle Menschen auf die, die davon betroffen sind, die lähmende Angst haben oder als Geschädigte ihren Mut und ihre Kraft verloren haben.

Wenden wir uns nun nach diesem Seitenblick wieder unserem eigentlichen Thema zu – der Frage, wie der Sühnopfergedanke gegen unseren Glauben an Gottes unendliche Liebe ausgespielt wird.

Als besonders infamen Angriff auf Gottes Liebe empfinde ich dies: ihm seine Liebe nur zu glauben, wenn er sie mit der Tötung seines Sohnes beweist. Was ist das für ein Gottesliebe, die erst dann vergeben kann, wenn jemand am Kreuz gestorben ist! Gottes Liebe ist doch stärker als der Tod und braucht ihn nicht – nicht als Beweis und nicht als Mittel zum Zweck.

So frage ich mich erschreckt, was für eine jämmerliche Vorstellung von der Kraft der Liebe Gottes das ist, wenn man sie nur ernst nehmen kann, wenn Blut fließt.

Gottes Liebe ist die schöpferische Liebe, deren Kreativität das Leben und unsere Welt seine Existenz verdankt. Gott ist ein »Liebhaber des Lebens« und macht auch uns zu »Liebhabern des Lebens«.

Gottes Liebe ist die Liebe Jesu Christi, der sich und uns Gottes Güte anvertraut hat, dessen Liebe stark genug war, noch am Kreuz für seine Feinde zu beten: Vergib ihnen, denn sie wissen nicht, was sie tun. Ein Jesus Christus, dessen ganzes Leben die Personifizierung des großen »Ja« Gottes zu uns Menschen war: Das »Ja«-Wort Gottes, das Fleisch geworden ist.

Gottes Liebe ist die Liebe des Heiligen Geistes, in dessen Kraft Jesu Liebeskraft und des Schöpfers Lebensliebe wirksam ist. Der Heilige Geist ist die Kraft, die uns zur Liebe untereinander und zu Solidarität auch im gesellschaftlichen und politischen Bereich antreibt und stark macht. Dieser Geist der Liebe schenkt »Glaube, Liebe, Hoffnung, diese drei; aber die Liebe ist die größte unter ihnen.« (1. Korinther 13,13)

16. Die Heilsbedeutung des Todes Jesu

Das Thema dieses Buches ist die Frage, ob Jesus als Sühnopfer für unsere Sünden gestorben ist. Das ist aber nur ein Teilaspekt der umfassenderen Frage nach der Heilsbedeutung des Todes Jesu. Wenn es vielen so schwer fällt, Abschied zu nehmen von der Sühnopfertheologie als Zentrallehre des christlichen Glaubens, dann wohl auch deshalb, weil sie fürchten, man würde dem Tod Jesu die Heilsbedeutung überhaupt nehmen. Ist diese Sorge berechtigt?

Viele aktuelle Beiträge zur gegenwärtigen Diskussion über den Sühnopfertod Jesu sind überschrieben mit umfassenderen Titeln wie: »Die Heilsbedeutung des Todes Jesu Christi«. Der Tod scheint diese Heilsbedeutung zu haben, jedenfalls habe ich nirgendwo bisher als Ergebnis der Überlegungen den Satz gefunden: Nein, der Tod Jesu hatte keine Heilsbedeutung.

Insofern fürchte ich, meine Schlussfolgerung nur schwer Akzeptanz finden wird: Nach meiner gegenwärtigen Einsicht gibt es diese besondere Heilsbedeutung des Kreuzes nicht.

Unbestritten ist, dass der Tod Jesu am Kreuz Bedeutung für uns Christen hat. Das haben wir z.B. bei den Evangelien sehr deutlich erkennen können. Bei ihnen ist die Passionsgeschichte voller Bedeutungen »für uns«, obwohl sie den Sühnopfertod nicht kennen. Darum sind die Passionsgeschichten – auch ohne den Sühnopfergedanken – voll von wichtigen Hinweisen auf Gottes unendliche Liebe und Güte.

Unbestritten ist, dass wir – auch ohne den Sühnopfergedanken – die Passionsgeschichten zu unserer »Erbauung« lesen und predigen sollen. Wie wichtig ist es für uns, allein die verschiedenen Worte Jesu am Kreuz zu meditieren.

Unbestritten ist auch, dass der Tod Jesu am Kreuz – auch ohne den Sühnopfergedanken – ein Sterben »für uns« ist. Selbstverständlich kommen die verschiedenen Versuche der neutestamentlichen Zeugen, den Tod Jesu zu deuten und zu verstehen, durchgängig zu dem

Ergebnis: Dieser Tod ist bedeutsam »für uns«. Wie könnte das anders sein! Das ganze Leben Jesu, einschließlich Kreuzigung und Auferstehung, ist Ausdruck und Offenbarung der unendlichen Güte und Liebe Gottes »zu uns«, und das Leben, Sterben und Auferstehen hat in dieser Gottesliebe »zu uns« seinen Grund seine Bedeutung »für uns«!

Unbestritten ist, dass Menschen in ihrem Leid aus der Tatsache des Leidens Jesu – auch ohne den Sühnopfergedanken – viel Trost gewinnen können. Der Gekreuzigte auf dem Isenheimer Altar zeigt einen Körper voller Hautwunden. Er wurde deshalb so gemalt, damit die Kranken, die hier mit schwerer Hautkrankheit in einem Hospital lebten und zur Andacht vor dieses Bild getragen wurden, zu ihrem Trost erkannten: Jesus ist uns Leidenden in seinem Leiden ganz nah.

Unbestritten ist, dass das Kreuz Jesu – ganz ohne den Sühnopfergedanken – an die unendlich vielen »Kreuze« dieser Welt erinnert, an die unendlichen Leiden verfolgter und gequälter Menschen. Darum »ruft der Gekreuzigte auf zum Kreuzzug gegen das Morden« (Kurt Marti). Dem Künstler, der ein Fischgerippe an das Kreuz genagelt hat, ist das Kreuz das Zeichen, dass sich Gott mit der geschundenen Schöpfung identifiziert und uns zu Verbündeten im Kampf gegen die Zerstörung der Schöpfung machen will. All dies und viel, viel mehr, Wichtiges, Tröstendes und Wegweisendes, gibt uns das Kreuz zu bedenken.

Jesu Leben und seine Auferstehung sind das Heil Wer wie ich den Kreuzestod als *Heilsereignis* leugnet, wird unter keinen Umständen das Kreuzigungsgeschehen aus seinem christlichen Glauben und theologischen Denken eliminieren dürfen.

Aber hier geht es nicht um die Frage nach der Bedeutung des Kreuzes für uns überhaupt. Die ist unbestritten. Es geht um die »Heils«-Bedeutung des Kreuzes. Es geht um die Frage, ob Gott gerade und vor allem die Kreuzigung Jesu dazu bestimmt hat, uns von Sünde und Tod zu erlösen, uns die Versöhnung mit ihm zu schenken, ob Gott Versöhnung ausgerechnet so schaffen und schenken wollte, indem jemand am Kreuz hingerichtet werden musste.

Ja, sagen viele ausdrücklich und bestätigen in ihren Beiträgen, Artikeln und Büchern der letzten Zeit erneut diese Sicht. Sie begründen das mit den bekannten Deutungen, von denen ich die wichtigsten hier wiederholen will:

- Jesu Tod war ein Opfertod für unsere Sünden.
- Jesus ist nach Jesaja 53 stellvertretend für uns gestorben.
- Jesus hat mit seinem Tod das Lösegeld gezahlt.
- Jesus hat sich auf einen »fröhlichen Wechsel« (Luther) eingelassen,.
- Jesus nimmt am Kreuz den Platz der Sünder ein, dafür sind wir an die Stelle Jesu, des Gerechten, versetzt.
- Jesu Tod bricht die Macht des Todes. Er besiegt am Kreuz den Tod.

Alle diese Thesen zur Heilsbedeutung des Todes Jesu haben wir oben im Buch ausführlich besprochen. Sie sind Bilder und Metaphern, die auch in manchen Zusammenhängen zur Veranschaulichung benutzt werden können. Aber sie schaffen es nicht, schlüssig zu beschreiben, warum Jesus tatsächlich sterben musste, um uns so von Sünde und Tod zu erlösen, um uns mit Gott zu versöhnen.

Sie schaffen es nicht, schlüssig zu erklären, warum Gott den Tod Jesu wollte.

Als Bilder und Veranschaulichungen sind diese Thesen in Predigten bisweilen gut zu gebrauchen. Aber ihre tatsächliche Aussagekraft über die Heilsbedeutung des Todes Jesu ist sehr schwach. In meinen Augen gibt es bisher keine schlüssige, theologisch bindende Begründung dafür, dass gerade der Tod Jesu am Kreuz das erlösende Heil bringt.

Warum wird an den Tod Jesu gebunden, was schon vorher im Leben Jesu da war, z. B. das Vergeben, die Botschaft von der unendlichen Güte Gottes und auch von der Versöhnung mit Gott?

Warum wird mit dem Kreuz Jesu zusammengebracht, was eigentlich erst mit der Auferstehung da ist und gilt, nämlich der Sieg über den Tod, die Verheißung des Lebens?

Oder warum werden Bibelstellen zitiert, die eigentlich von etwas anderem sprechen? Besonders deutlich ist das bei Jesaja 53. Dieser Text wird oft ganz direkt auf Jesus bezogen, als sei er die verbindliche Beschreibung Jesu und seines Todes, obwohl wir solche direkten

Übernahmen alttestamentlicher Texte nach vielen Gesprächen mit dem Judentum eigentlich nicht ohne weiteres mehr praktizieren dürfen. Wir haben den Text in erster Linie aus seinem ursprünglichen historischen Ort zu deuten. Wer die Heilsbedeutung im Tode Jesu sieht, bindet damit alles Wichtige an das Kreuz. Was vorher war, wird zur relativ unwichtigen Vorgeschichte, die man, wie Paulus zeigt, auch weglassen kann. Und die Auferstehung ist nur Nachgeschichte zu dem, was im Tode Jesu an Heil geschaffen wurde.

Ich sehe es anders.

Von vorne her, vom Leben Jesu her gesehen, ist der Tod der traurige Abschluss, das konsequente Ende dieses großartigen und »für uns« wichtigen Lebens.

Von hinten her, von der Auferstehung her gesehen, ist die Kreuzigung die notwendige Voraussetzung für die Offenbarung des Lebens, das uns die Auferstehung schenkt.

Dazwischen, zwischen Leben und Auferstehung, geschieht die Kreuzigung, die ihre Bedeutung für uns hat, aber nicht zu dem eigentlichen Heilsgeschehen erklärt werden kann.

So meine ich sagen zu können, dass der Tod keine ausreichend begründete Heilsbedeutung für uns hat, weil uns das Heil primär im Leben Jesu und in seiner Auferstehung gegeben ist.

Ich halte schon die Titel von Artikeln und Vorträgen, die nur nach der »Heilsbedeutung des Todes Jesu« fragen, für riskant, weil sie die Verfasser und die Leser dazu verleiten, sich etwas isoliert anzusehen, was nur im Zusammenhang des Ganzen, also mit dem Leben Jesu und seiner Auferstehung, richtig zu deuten ist. Besser wären Themen wie »Die Heilsbedeutung Jesu«.

Ich bin mir bewusst, dass diese Position von vielen nicht ohne weiteres akzeptiert wird. Vielleicht bin ich es ja, der irrt. Mit diesem Buch liefere ich meinen Beitrag zur notwendigen Diskussion darüber.

Literaturverzeichnis

Benutzt habe ich die übliche Literatur (Kommentare, Dogmatiken, Monographien) zum Thema, natürlich auch die Schriften von Klaus-Peter Jörns. Im folgenden führe ich ein paar Titel auf, die mir für die Erstellung meines Buches besonders wichtig waren.

Eberhard, Christian: Die Prüfung Abrahams – oder: Wo aber ist das Opfer im Neuen Testament?, in: *Dehn, Ulrich* (Hg.): Wo aber ist das Opferlamm? (EZW-Texte 168), Berlin 2003.

Etzelmüller, Gregor: Für uns gestorben nach der Schrift, Vortrag am 17.6.2009 im FFFZ Düsseldorf.

Evangelische Akademie Loccum: Das Kreuz mit dem Kreuz. Tagungsbericht, Loccum 2009.

Fischer, Helmut: Musste Jesus für uns sterben? Deutungen des Todes Jesu, Zürich 2008.

Isermann, Gerhard: Widersprüche in der Bibel. Warum genaues Lesen lohnt, Göttingen 2000.

Koch, Herbert: Der geopferte Jesus und die christliche Gewalt, Düsseldorf 2009.

Kroeger, Matthias: Im religiösen Umbruch der Welt. Der fällige Ruck in den Köpfen der Kirche, Stuttgart 2004.

Röhser, Günter: Stellvertretung im Neuen Testament, Stuttgart 2002.

Stuhlmacher, Peter: Was geschah auf Golgatha? Zur Heilsbedeutung von Kreuz, Tod und Auferweckung Jesu, Stuttgart 1998.

Weber, Hans-Ruedi: Kreuz. Überlieferung und Deutung der Kreuzigung Jesu im neutestamentlichen Kulturraum, Stuttgart. Berlin 1975.

Wichelhaus, Manfred: Jesus Christus unter Pontius Pilatus gekreuzigt (Das Gespräch 84), Wuppertal 1969.

Bibelstellenverzeichnis

1. Mose 2 *26*
1. Mose 8,21 *126f.*
1. Mose 8,22 *128*
1. Mose 11 *37*
1. Mose 22, 1b–2 *146*

2. Mose 24,6–8 *64*

3. Mose 5,11–13 *144*
3. Mose 16,16 *148*
3. Mose 16,21f. *67*
3. Mose 17,3–4 *144*
3. Mose 17,11–14 *56*

4. Mose 21,8f. *69*

5. Mose 12,23–25 *56*

1. Samuel 2,8 *20*
1. Samuel 15,22 *142*

Jesaja 42,1–4 *76*
Jesaja 49,1–6 *76*
Jesaja 50,4–9 *76*
Jesaja 52,13–53,12 *76*
Jesaja 53 *74f., 77f., 80, 162*
Jesaja 53,2–7 *76*
Jesaja 53,7 *79*
Jesaja 53,10 *80*
Jesaja 54,10 *128*
Jesaja 59,7.8 *123*
Jesaja 61,1f. *44*

Jeremia 7,31 *146*

Hosea 6,6 *142*

Amos 2,16 *75*

Sacharja 9,9 *74*

Psalm 2 *22*
Psalm 2,7f. *22*
Psalm 5,10 *123*
Psalm 10,7 *123*
Psalm 14,1–3 *123*
Psalm 22 *73*
Psalm 23 *21*
Psalm 36,2 *123*
Psalm 51,19 *142*
Psalm 106,37ff. *146*
Psalm 113,6 *20*
Psalm 140,4 *123*

Matthäus 1f. *24*
Matthäus 1,21 *42*
Matthäus 4,17b *49*
Matthäus 5,17 *88*
Matthäus 5,44 *88*
Matthäus 6,12 *151*
Matthäus 7,29 *46*
Matthäus 8,17 *78*
Matthäus 9,3 *45*
Matthäus 9,11 *44, 55*
Matthäus 9,12 *20*
Matthäus 9,12f. *142*
Matthäus 11,19 *46*
Matthäus 11,28ff. *88*
Matthäus 12,1ff. *46*
Matthäus 14,25 *59*
Matthäus 16,24 *48*
Matthäus 17,5 *102*
Matthäus 21,2ff. *74*
Matthäus 25,14ff. *50*
Matthäus 26,2 *89*
Matthäus 26,18 *89*
Matthäus 26,27f. *58*
Matthäus 26,28 *64*
Matthäus 26,29 *63*
Matthäus 26,50 *89*

Matthäus 26,53 *89*
Matthäus 26,61 *89*
Matthäus 27,43 *73*
Matthäus 27,46 *73, 90*
Matthäus 28,18ff. *48*
Matthäus 28,19 *89*

Markus 1,1 *85*
Markus 1,9-13 *85*
Markus 1,10f. *23*
Markus 2,27f. *46*
Markus 8,34ff. *83*
Markus 9,2ff. *85*
Markus 10,45 *86, 107*
Markus 12,1ff. *50*
Markus 12,1–9 *49*
Markus 14,24 *64, 86*
Markus 14,25 *63*
Markus 14,51f. *75*
Markus 15,29–30 *73*
Markus 15,32 *84*
Markus 15,34 *87, 90*
Markus 15,39 *83–85*
Markus 15,40 *130*
Markus 16,8 *82*
Markus 16,33 *86*
Markus 16,38 *86*

Lukas 1f. *24*
Lukas 1,52 *41*
Lukas 1,78f. *42*
Lukas 2,31 f. *42*
Lukas 4,13 *92*
Lukas 4,16ff. *44*
Lukas 4,21 *44*
Lukas 11,20 *49*
Lukas 15,10 *56*
Lukas 15,11ff. *45*
Lukas 17,21b *49*
Lukas 18,9–14 *129*
Lukas 18,13 *129*
Lukas 18,14 *129*
Lukas 22,3 *92*
Lukas 22,18 *63*
Lukas 22,29 *64*
Lukas 22,37 *78*
Lukas 22,42 *47*
Lukas 23,34 *54, 90*
Lukas 23,42 *91*
Lukas 23,46 *91*
Lukas 23,47 *91*
Lukas 23,48 *91*
Lukas 24,12 *99*
Lukas 24,13–25 *62f.*
Lukas 24,30 *103*
Lukas 24,30f. *62*
Lukas 24,39 *73*
Lukas 24,50ff. *90*

Johannes 1 *24*
Johannes 1,9 *43*
Johannes 1,14 *94*
Johannes 1,29 *67*
Johannes 1,35–51 *104*
Johannes 3,14 *95*
Johannes 3,14f. *69*
Johannes 3,16 *68*
Johannes 7,32 *95*
Johannes 8,21 *95*
Johannes 8,28 *95*
Johannes 10,11 *69*
Johannes 10,12 *70*
Johannes 10,16 *94*
Johannes 10,16f. *70*
Johannes 11,50 *47*
Johannes 12,32.34 *95*
Johannes 13 *57*
Johannes 13,15 *57*
Johannes 13,33 *95*
Johannes 14,9 *68*
Johannes 15,5 *21*
Johannes 15,13 *70*
Johannes 18,6 *93*
Johannes 18,7 *93*
Johannes 18,37 *93*
Johannes 19,2 *93*

Johannes 19,14 *93*
Johannes 19,24 *73*
Johannes 19,26 *94*
Johannes 19,28f. *94*
Johannes 19,36 *96*
Johannes 20,23 *150*

Apostelgeschichte 1,1ff. *90*
Apostelgeschichte 2,36 *90*
Apostelgeschichte 3,15 *90*
Apostelgeschichte 6,7 *108*
Apostelgeschichte 7,58 *91*
Apostelgeschichte 7,59f. *91*
Apostelgeschichte 8,26ff. *77*
Apostelgeschichte 8,32 *77*
Apostelgeschichte 9,3ff. *110*
Apostelgeschichte 15,20 *56*

Römer 1,3–4 *22, 102*
Römer 1,16 *110*
Römer 1,28ff. *124*
Römer 3,10–18 *123*
Römer 3,23 *122*
Römer 3,25 *110*
Römer 3,28 *117*
Römer 4,24 *118*
Römer 4,25 *116*
Römer 5,15 *114*
Römer 5,20 *120*
Römer 5,21 *117*
Römer 6,3f. *117*
Römer 6,6ff. *115*
Römer 6,7 *116*
Römer 6,25 *115*
Römer 11,32 *122*
Römer 12,16 *20*

1. Korinther 1,22f. *136*
1. Korinther 1,30 *136*
1. Korinther 5,6–8 *62*
1. Korinther 5,7 *62*
1. Korinther 6,12 *137*
1. Korinther 7,23 *137*
1. Korinther 7,31 *137*
1. Korinther 10,16f. *65*
1. Korinther 11,24 *59, 64*
1. Korinther 11,25 *58*
1. Korinther 11,25ff. *113*
1. Korinther 11,26 *63*
1. Korinther 13,13 *159*
1. Korinther 15 *136*
1. Korinther 15,3 *72, 117*
1. Korinther 15,3–8 *101*
1. Korinther 15,17 *117*

2. Korinther 5,19 *37*
2. Korinther 5,21 *116*
2. Korinther 15,21 *115*

Galater 1,12 *110*
Galater 1,15f. *110*
Galater 3,13 *135*

Epheser 5,1–2 *145*

Philipper 2,8 *134*
Philipper 4,18 *145*

Kolosser 2,14f. *108*

1. Thessalonicher 5,5 *122*

Hebräer 9,22 *147*
Hebräer 12,6 *127*

1. Petrus 2,20–23 *79*
1. Petrus 2,24 *78*
1. Petrus 2,24–25 *78*

1. Johannes 1,7 *147*

Das Bibelstellenverzeichnis wurde von Winrich C.-W. Clasen erstellt.

Glaubensgrundlagen erklärt

Norbert Dennerlein / Michael Meyer-Blanck (Hg.)
Evangelische Glaubensfibel
Grundwissen der evangelischen Christen

208 Seiten mit 7 Farbtafeln, 13,5 × 21 cm, frz. Broschur
ISBN 978-3-87062-082-0

Mit der »Evangelischen Glaubensfibel« liegen die wesentlichen Informationen zum evangelischen Glauben in der Sprache von heute vor, ein Handbuch für alle in Schule, Gemeinde und kirchlicher Bildungsarbeit.